BASIC CZECH I

Ana Adamovičová
Darina Ivanovová

UNIVERZITA KARLOVA
NAKLADATELSTVÍ KAROLINUM 2021

Recenzenti: doc. PhDr. Karel Šebesta, CSc.
PhDr. Helena Confortiová, CSc.

ISBN 978-80-246-2334-4

This textbook has been developed to quickly acquaint students with basic Czech. It contains 6 lessons, each corresponding to at least 10 teaching hours. The main emphasis is on communicative methods based on an action-oriented approach. The textbook is mostly intended for intensive short courses and it fits level A 1 of the Common European Frame.

The textbook contains about 700 basic words and phrases. In the Vocabulary after each lesson the user will find all words and phrases used in the texts and exercises except the verbs and words included in the tables, together with their English equivalents.

Basic Czech I is based on methodological principles similar to those successfully employed with the CIEE programme by colleagues at the Institute for Language and Preparatory Studies, Charles University (Intensive Czech for American students, course leader Jana Čemusová).

We would like to thank the reviewers of our textbook, Mrs. Helena Confortiová and Mr. Karel Šebesta for their useful comments as well as our colleagues Hana Diringerová, Milan Hrdlička and Pavlína Chejnová for pre-testing the material in their lessons.

Special thanks to our colleague Neil Bermel from the University of Sheffield for proofreading the English text.

Ana Adamovičová, Darina Ivanovová
Institute of Czech Studies,
Faculty of Arts
Charles University, Prague

Contact to authors:
ana.adamovicova@ff.cuni.cz
darinaiv@centrum.cz

OBSAH
CONTENTS

OBSAH
CONTENTS

Genders:

M	– masculine
Mi	– masculine inanimate
Ma	– masculine animate
F	– feminine
N	– neuter

Cases:

Nom.	– nominative
Gen.	– genitive
Dat.	– dative
Acc.	– accusative
Loc.	– locative
Instr.	– instrumental

adj.	– adjective
adv.	– adverb
prep.	– preposition
sg.	– singular
pl.	– plural
coll.	– colloquial

Symbols:

❯❯	– grammatical explanation
▲	– lexical explanation
▶	– MP3 audio*

* MP3 available at www.karolinum.cz.

VOWELS (samohlásky)

short (krátké)

A	pas (*passport*), Praha, maso (*meat*), mapa (*map*), ano (*yes*)
E	pes (*dog*), den (*day*), sen (*dream*), jeden (*one*), metro, ne (*no*)
I, Y	pivo (*beer*), kino (*cinema*), minuta
	byt (*apartment*)
O	voda (*water*), sobota (*Saturday*), kolo (*bike*)
U	pusa (*mouth, kiss, coll.*), rum, nula (*zero*)

long (dlouhé)

Á	máma (*mum*), mám (*I have*), ráno (*morning*), banán, káva (*coffee*)
É	dobré ráno (*good morning*), mléko (*milk*), problém, léto (*summer*)
Í, Ý	víno (*wine*), prosím (*please; you are welcome*)
	Dobrý den! (*"good day", e.g. Hello!*), sýr (*cheese*), být (*to be*)
Ó	móda (*fashion*), próza (*prose*), gól
Ú, Ů	úterý (*Tuesday*), dům (*house*), domů (*home*)

» *Long vowels are about twice as long as short ones. Therefore you may have the impression that Czech speech has a melodic, "singing" character.*

! **BYT**
BÝT

» *It is quite important to remember where long and short vowels appear, because the vowel lenght can change the meaning of the word.*

>> I-Y, Í-Ý, Ú-Ů = *two graphic variants of one vowel having the same pronunciation.*
I/Í *is called "soft"* (měkké i), *while* Y/Ý *is called "hard"* (tvrdé i).
´ = čárka (long-sign), ° = kroužek (circle), ˇ = háček (hook).

DIPHTHONGS (dvojhlásky)

OU	Dobrou noc! (*Good night!*), Na shledanou! (*Good-bye!*), houska (*roll*)
AU	auto (*car*), automat (*vending machine*), autobus (*bus*), sauna
EU	euro, pneumatika (*tyre*)

CONSONANTS (souhlásky)

hard (tvrdé)		soft (měkké)	
H	hotel, Praha	**Ž**	život (*life*)
CH	chalupa (*cottage*)	**Š**	šest (*six*)
K	koberec (*carpet*)	**C**	co (*what*)
G	vegetarián	**Č**	česky (*Czech*)
R	Dobré ráno! (*Good morning*)	**Ř**	dveře (*door*)
D	jeden den (*one day*)	**Ď**	Maďarsko (*Hungary*)
T	tabule (*board*)	**Ť**	chuť (*taste*)
N	noc (*night*)	**Ň**	daň (*tax*)
		J	čaj (*tea*)

HOW DO WE PRONOUNCE IT?

Ž	{ʒ}	– like in *pleasure*
Š	{ʃ}	– like in *shadow*
Č	{tʃ}	– like in *chance*
DŽ	{dʒ}	– like in *just*
C	{ts}	– like in *tzatziki, tzar, tsunami*
G	{g}	– like in *game*
J	{j}	– like in *yellow*
Ř		– like nowhere! Try to pronounce {r+ʒ} as one sound!
CH		– the compound letter like in Scots *"loch"* (lake)

AMBIGUOUS CONSONANTS

B F L M	banka, film, lék (*medicine*), mapa
P S V Z	papír, salám, vejce (*egg*), zítra (*tomorrow*)

HOW DO WE WRITE IT?

i/y × í/ý		
Ž Š		žít (*to live*), sešit (*notebook*)
Č Ř	+ i/í	číst (*to read*), říkat (*to say*)
C J		cíl (*goal*), jídlo (*food*)
H CH		nahý (*nude*), chyba (*mistake*)
K R		velký (*big*), rychlý (*fast*)
G	+ y/ý	gymnázium (*grammar school*)
D T		mladý (*young*), kalhoty (*trousers*)
N		noviny (*newspaper*)
B F		bílý (*white*) × blbý (*stupid*); film × fyzika (*physics*)
L M	+ i/í × y/ý	líný (*lazy*) × malý (*small*); mít (*to have*) × mýt (*to wash*)
P S		pivo (*beer*) × hloupý (*silly*); síla (*force*) × sýr (*cheese*)
V Z		vítr (*wind*) × vy (*you*); zítra (*tomorrow*) × jazyk (*language*)

PRONUNCIATION AND SPELLING OF Ď, Ť, Ň + E, I/Í

ď ť ň + e	→	dě	tě	ně	neděle (*Sunday*), tělo (*body*), něco (*something*)
ď ť ň + i	→	di	ti	ni	divadlo (*theatre*), platit (*to pay*), nic (*nothing*)
ď ť ň + í	→	dí	tí	ní	dítě (*child*), pití (*drink*), moderní

>> Words of foreign origin e.g. **univerzita**, **diskuse**, **mítink**, *don't follow this soft pronunciation rule!*

ALL COMBINATIONS WITH "Ě"

DĚ	neděle	**PĚ**	pět (*five*)
TĚ	tělo	**VĚ**	věta (*sentence*)
NĚ	něco	**FĚ**	na Harfě (*a square in Prague*)
BĚ	běhat (*to run*)	**MĚ**	město (*city*)

>> *"ě" itself is pronounced {je}, so pě is {pje}, bě {bje}, etc. Only "mě" is pronounced {mňe}.*

VOICED AND VOICELESS CONSONANTS
(znělé a neznělé souhlásky)

b	v	d	ď	z	ž	g	h	dž		r	l	m	n	j	**voiced**
p	f	t	ť	s	š	k	ch	č	c	**voiceless**					

HOW DO WE PRONOUNCE IT?

klu**b** {klu**p**}, le**v** {le**f**}, bo**d** {bo**t**}, obra**z** {obra**s**}, gro**g** {gro**k**}, mu**ž** {mu**š**}

---

voiceless ← voiced – **voiceless**

o**bch**od {o**pch**ot}, dí**v**ka {dí**f**ka}, he**z**ký {he**s**ký}

o**dp**oledne {o**tp**oledne}, tu**ž**ka {tu**š**ka}

lo**ď**ka {lo**ť**ka}, **vč**era {**fč**era}

v pondělí {**fp**ondělí}, **v** Praze {**fp**raze}

---

voiced ← voiceless – **voiced**

kdo {**gd**o}, **kd**e {**gd**e}, **kd**y {**gd**y}

!

b**ř**eh {b**rž**ech}, **př**íklad {**prš**íklat}, t**ř**i {t**rš**i}

na **sh**ledanou {na **sch**... × na **zh**...}

» *The stress is always on the first syllable.*

» *The preposition and the word following are pronounced as one word with the stress on the first syllable:* v Praze {fpraze}.

■ **Read and try to guess the meaning some of the words:**

A – Á	mapa	banka	maso	zprava	pořad	ano
	pátek	banán	salám	zpráva	pořád	
E – É	den	dezert	kemp	led	lekce	ne
	léto	krém	lék	problém	mléko	
I/Y – Í/Ý	pivo	kino	ryba	prosit	sešit	byt
	pít	víno	rýma	prosím	sýr	být
O – Ó	voda	soda	sobota	okno	kolo	
	sólo	gól	móda	tón	nervózní	
U – Ú/Ů	rum	ruka	nula	pusa	tulipán	
	úterý	únor	úkol	ústa	účet	
	dům	sůl	stůl	půl	růže	
OU	kousek	houska	meloun			
	Dobrou noc!		Dobrou chuť!		Na shledanou!	
NI – NY	nic	nikdo	zelenina		! unie !	! tenis !
	noviny	koruny	hodiny			
NÍ – NÝ	není	moderní	národní			
	krásný	výborný	špatný			
DI – DY	divadlo	hodina	lidi		! dieta !	! idiot !
	kdy	někdy	tady			! dynastie !
DÍ – DÝ	dítě	mládí	budík			
	Londýn	mladý	dýně			
TI – TY	platit	naproti	ticho		! titul !	! tip !
	boty	kalhoty	typ			
TÍ – TÝ	platím	letí	smetí			
	týden	tým	svatý			
BĚ	běhat	oběd	běh			
PĚ	pět	pěkný	opět			
VĚ	svět	devět	věta			
MĚ	město	náměstí	měsíc			

DĚ	děti	děkuju	oděv			
TĚ	dítě	tělo	otěhotnět			
NĚ	někdo	něco	oněmět			
C – Č	co	nic	cukr	ovoce	Francie	věc
	čas	čaj	čtvrt	proč	večer	večeře
S – Š	sestra	sůl	sobota	máslo	maso	směna
	škola	škoda	štěstí	pošta	letiště	šít
Z – Ž	zima	zítra	zelenina	televize	cizí	změna
	žena	muž	žirafa	nádraží	nůž	žít
R – Ř	ráno	rádio	koruna	čtvrtek	krk	prst
	kuře	dveře	tři	středa	dobře	pepř
L	lampa	léto	liják	lýtko	vlk	vlna
H	humor	hlad	hotel	hrad	Praha	trh
CH	chleba	Čech	vchod	obchod	chyba	chrt
J	kolej	ahoj	já	moje	hokej	
G	jogurt	guma	gangster	Belgie		! gymnastika !
Ď	zeď	teď	měď	ďábel	ďas	Maďarsko
Ť	zeť	chuť	čtvrť	ťapat	síť	Baťa	Budapešť
Ň	žízeň	koňak	daň	síň	tuňák	Plzeň

! STRČ PRST SKRZ KRK!

A a	krátké a		**O o**	krátké o
Á á	dlouhé a		**Ó ó**	dlouhé o
B b	bé		**P p**	pé
C c	cé		**Q q**	kvé
Č č	čé		**R r**	er
D d	dé		**Ř ř**	eř
Ď ď	dě		**S s**	es
E e	krátké e		**Š š**	eš
É é	dlouhé e		**T t**	té
F f	ef		**Ť ť**	tě
G g	gé		**U u**	krátké u
H h	há		**Ú ú / ů***	dlouhé u / u s kroužkem
Ch ch	chá		**V v**	vé
I i	krátké měkké i		**W w**	dvojité vé
Í í	dlouhé měkké i		**X x**	iks
J j	jé		**Y y**	krátké tvrdé i /
K k	ká			krátké ypsilon
L l	el		**Ý ý**	dlouhé tvrdé i /
M m	em			dlouhé ypsilon
N n	en		**Z z**	zet
Ň ň	eň		**Ž ž**	žet

>> *"ů" can be used only in the middle (dům) and at the end of a word (domů).*

OBCHOD A RESTAURACE – *SHOP AND RESTAURANT*

VCHOD	*ENTRANCE*
VÝCHOD	*EXIT*
SEM / K SOBĚ	*PULL*
TAM / OD SEBE	*PUSH*
PRACOVNÍ DOBA	*WORKING HOURS*
OTEVŘENO	*OPEN*
ZAVŘENO	*CLOSED*
KABINKY	*CHECKROOMS*
POKLADNA	*CASHIER*
M / MUŽI / PÁNI	*GENTLEMEN*
Ž / ŽENY / DÁMY	*LADIES*
OBSAZENO	*OCCUPIED*

FAKULTA (ÚŘAD) – *FACULTY (OFFICE)*

ÚŘEDNÍ HODINY	*OPENING HOURS*
KONZULTAČNÍ HODINY	*OFFICE HOURS (TUTORIAL)*
ROZVRH HODIN	*SCHEDULE*
HODINA ODPADÁ	*THE LESSON IS CANCELED*

TECHNICKÉ PROBLÉMY – *TECHNICAL PROBLEMS*

MIMO PROVOZ	*OUT OF ORDER*
VÝTAH NEJEZDÍ / NEFUNGUJE	*THE ELEVATOR IS OUT OF ORDER*
STANICE METRA ZAVŘENA	*THE METRO STATION IS CLOSED*

DOPRAVA A KULTURA – *TRAFFIC AND CULTURE*

JÍZDENKY	*TICKETS*
JÍZDNÍ ŘÁD	*TIMETABLE*
PŘEDPRODEJ VSTUPENEK	*ADVANCE SALE*
ŠATNA	*CLOAKROOM*

MÁME PROBLÉMY – *WE HAVE A PROBLEM*

POMOC!	*HELP!*
ZLODĚJ!	*THIEF!*
POLICIE!	*POLICE!*

Dobré ráno!	Good morning!
Dobrý den!	Good morning/afternoon.
Dobré odpoledne!	Good afternoon!
Dobrý večer!	Good evening!
Dobrou noc!	Good night!
Na shledanou!	Good-bye!
* Nashle!	Bye-bye!
Těší mě!	Nice to meet you.
Mějte se hezky!	Have a good time!
Vy taky.	You too.
* Ahoj! / Čau!	Hello! + Bye!
* Měj se hezky!	Have a good time!
* Ty taky.	You too.
Děkuju! Děkuji!	Thank you.
* Díky! Dík!	Thanks.
Prosím.	You're welcome. Please. Here you are.
Není zač.	You're welcome. Not at all.
Promiňte.	Excuse me. I'm sorry.
* Promiň.	Excuse me. I'm sorry.
Pardon.	Excuse me. I'm sorry.
To nic.	That's okay.
Bohužel nemluvím česky.	Unfortunately I don't speak Czech.
Nerozumím.	I don't understand.
Mluvíte anglicky?	Do you speak English?
* Mluvíš anglicky?	Do you speak English?
Pomalu, prosím.	Slower, please.
Promiň(te), nerozumím.	I'm sorry, I don't understand.
Opakujte, prosím.	Repeat, please.
Nevím.	I don't know.
Mám otázku.	I have a question.
Jak se řekne česky ... ?	How do you say ... in Czech?
Co znamená ... ?	What does ... mean?
Promiňte, že jdu pozdě.	Sorry for coming late.

* = informal

Pan Černý:	Dobrý den, paní Daňková.
Paní Daňková:	Dobrý den, pane Černý.
	Jak se máte?
Pan Černý:	**Mám se dobře.** A vy?
Paní Daňková:	Děkuju, já taky.

* Peter:	Ahoj, Hano!
Hana:	Čau, Peter!
Peter:	**Jak se máš?**
Hana:	Díky, **dobře**. A ty?
Peter:	Díky, já taky.

* Petr:	Jane, Jane!
Jane:	Jéééé, ahoj!
Petr:	Ahoj!
Jane:	**Jak se máš?**
Petr:	**Fantasticky!** A ty?
Jane:	Já? Taky tak.
Petr:	Prima. Fajn. Měj se hezky! Ahoj!
Jane:	Díky, ty taky. Čau, čau!
Petr:	Čau, Jane!

* = informal

JAK SE MÁTE / JAK SE MÁŠ?

(MÁM SE):

~~MÁM SE~~

😊😊	😊	☹️	☹️☹️		😊☹️
fantasticky	dobře	špatně	hrozně		Ujde to. / Jde to.
výborně	prima		strašně		Nic moc.
skvěle	fajn		příšerně		Jakž takž.
super	docela dobře		mizerně		

JAK SE MÁTE / JAK SE MÁŠ?

Černý:	Dobrý den. Já jsem Petr Černý.
Black:	Těší mě. Já jsem Peter Black.
Černý:	Vy jste cizinec?
Black:	Ano.
Černý:	Angličan?
Black:	Ne, Američan.
Černý:	Jak se máte, pane Black?
Black:	Děkuju, docela dobře. A vy?
Černý:	Ujde to, díky.

Krátká:	Dobrý den. Já jsem Jana Krátká.
Shortová:	Těší mě. Já jsem Jane Shortová.
Krátká:	Vy jste cizinka?
Shortová:	Ano.
Krátká:	Američanka?
Shortová:	Ne, Angličanka.
Krátká:	Jak se máte, paní Shortová?
Shortová:	Děkuju, mám se dobře. A vy?
Krátká:	Děkuju, já taky.

* Jan:	Ahoj! Já jsem Jan.
Juan:	Ahoj! Já jsem Juan. Těší mě.
Jan:	Těší mě. Ty nejsi Čech?
Juan:	Ne, nejsem Čech. Jsem Španěl.
Jan:	Já jsem Čech. Jsem student. A ty?
Juan:	Já jsem taky student.
Jan:	Tak fajn. Ahoj!
Juan:	Ahoj!

* Hana:	Ahoj! Já jsem Hana.
Hanna:	O ne! Já jsem taky Hanna. Těší mě.
Hana:	Těší mě. Ty nejsi Češka?
Hanna:	Ne, nejsem Češka. Jsem Finka.
Hana:	Já jsem Češka. Jsem studentka. A ty?
Hanna:	Já jsem taky studentka.
Hana:	Prima! Tak ahoj!
Hanna:	Čau!

* = informal

1. sg.	já	JSEM	**NE**JSEM	1. pl.	**my**	JSME	**NE**JSME
2. sg.	**ty**	JSI	**NE**JSI	2. pl.	**vy**	JSTE	**NE**JSTE
3. sg.	**on** **ona** **ono / to**	JE	NENÍ	3. pl.	**oni** **ony** **ona**	JSOU	**NE**JSOU

» *2. sg. – one person or someone familiar; informal relationships (friends);*
2. pl. – more than one person, or one person in a formal or official
relationship; expresses respect or recognition of position.

Questions are formed simply by using a rising intonation for the sentence:
To je on. / Je to on. × Je to on?
Mám plán. × Mám plán? (I have a plan. Do I have a plan?)

The negative forms for all verbs are formed by putting ne- in front of the verb
(mám – nemám). The only exception is je – není.

■ **1. Fill in the correct forms of the verb** *být* **and personal pronouns:**

* Ahoj! _____ Jana. A _____?

Ahoj! _____ Jane. Těší mě.

Těší mě. ____ _____ Češka?

_____ Češka. _____ cizinka.

Angličanka?

Ne, _____ Angličanka, _____ Američanka.

_____ studentka?

Ne, _____ studentka, _____ profesorka. A ____?

____ _____ taky profesorka.

Tak ahoj!

Ahoj!

* = informal

Dobrý den. _____ Petr Černý. A ____?

Dobrý den. _____ Peter Black. Těší mě.

Těší mě. ____ _____ Čech?

_____ Čech. _____ cizinec.

Angličan?

Ne, _____ Angličan, _____ Američan.

_____ student?

Ne, _____ student. _____ profesor. A ____?

____ _____ taky profesor.

Fajn. Na shledanou.

Na shledanou.

Jan ____ student. Juan ____ taky student. Petr Černý _____ student. Petr ____ profesor. Peter Black taky _____ student. I Peter ____ profesor.

Jana Krátká a Jane Shortová _____ profesorky, ony _____ studentky.

Hana a Hanna _____ studentky. Jan a Juan _____ taky studenti.

My _____ z Ameriky. Odkud _____ vy? My _____ z Prahy. Oni _____ taky z Prahy?

Ne, _____ , oni _____ z Moravy.

■ **2. Respond:**

Jste doktor? Ano, jsem doktor.
          Ne, nejsem doktor. Jsem student.

Jsi student? _____

Jsi studentka? _____

Jste Američan? _____

Jste Američanka? _____

Jste Čech? _____

Jste Češka? _____

Jste muž? _____

Jste žena? _____

Jsi dítě? _____

Jste cizinec? _____

Jste cizinka? _____

Jste Petr Černý? _____

Ty jsi Petr? _____

Jste Jane Shortová? _____

Ty jsi Jane? _____

Jste profesor? _____

Jste profesorka? _____

Nejsi ty Pavel? _____

Nejsi ty Pavla? _____

Nejste vy paní Malá? _____

Nejste náhodou pan prezident? _____

Nejsi ty náhodou John? _____

Není to náhodou Hanna? _____

Není to náhodou Hana? _____

Není to náhodou Marek? _____

Je to opravdu pan Černý? _____

Není to náhodou pan Black? _____

Je to opravdu paní Krátká? _____

Není to náhodou paní Shortová? _____

■ 3. Ask and answer:

Co to je? – To je maso.
Je to máslo? – Ne, to **není** máslo, to je maso.

Co to je? – To je pivo.
Je to víno? – Ne, to _____ víno, je to pivo.
Co to je? – To je voda.
Je to soda? – Ne, to _____ soda, je to voda.
Co to je? – To je hotel.
Je to motel? – Ne, to _____ motel, je to hotel.
Co to je? – To je škola.
Je to škoda? – Ne, to _____ škoda, je to škola.
Co to je? – To je pepř.
Je to vepř? – Ne, to _____ vepř, je to pepř.
Co to je? – To je divadlo.
Je to kyvadlo? – Ne, to _____ kyvadlo, je to divadlo.

ODKUD JSI? / ODKUD JSTE?
– WHERE ARE YOU FROM?

ZEMĚ – COUNTRY	MUŽ – MAN	ŽENA – WOMAN
Jsem z Itálie.	Jsem Ital.	Jsem Italka.
Jsem z Francie.	Jsem Francouz.	Jsem Francouzka.
Jsem z Austrálie.	Jsem Australan.	Jsem Australanka.
Jsem z Anglie.	Jsem Angličan.	Jsem Angličanka.
Jsem z Belgie.	Jsem Belgičan.	Jsem Belgičanka.
Jsem z Ameriky.	Jsem Američan.	Jsem Američanka.
Jsem z České republiky.	Jsem Čech.	Jsem Češka.
Jsem z Německa.	Jsem Němec.	Jsem Němka.
Jsem z Portugalska.	Jsem Portugalec.	Jsem Portugalka.
Jsem ze Španělska.	Jsem Španěl.	Jsem Španělka.
Jsem z Rakouska.	Jsem Rakušan.	Jsem Rakušanka.
Jsem z Finska.	Jsem Fin.	Jsem Finka.
Jsem z Ruska.	Jsem Rus.	Jsem Ruska.

ZEMĚ – COUNTRY	MĚSTO – CITY
Odkud jsi z Itálie?	Jsem z Říma, z Milána, z Padovy.
Odkud jsi z Francie?	Jsem z Paříže, z Lyonu, z Bordeaux.
Odkud jsi z Austrálie?	Jsem ze Sydney, z Melbournu.
Odkud jsi z Anglie?	Jsem z Londýna, ze Sheffieldu.
Odkud jsi z Belgie?	Jsem z Bruselu, z Gentu.
Odkud jsi z Ameriky?	Jsem z New Yorku, z Texasu, ze San Franciska.
Odkud jsi z České republiky?	Jsem z Prahy, z Brna, z Telče.
Odkud jsi z Německa?	Jsem z Berlína, z Bonnu, z Jeny.
Odkud jsi z Portugalska?	Jsem z Lisabonu, z Porta.
Odkud jsi ze Španělska?	Jsem z Madridu, z Valencie, z Granady.
Odkud jsi z Rakouska?	Jsem z Vídně, ze Salcburku, z Innsbrucku.
Odkud jsi z Finska?	Jsem z Helsinek, z Tampere, z Oulu.
Odkud jsi z Ruska?	Jsem z Moskvy, z Petrohradu, ze Samary.

Odkud jsi? Já jsem z _____

Odkud jsou kamarád a kamarádka?

Můj kamarád je z _____

Moje kamarádka je z _____

Odkud jste? My jsme z _____

CO TO JE? / CO JE TO? – *WHAT IS IT?*

TO JE:

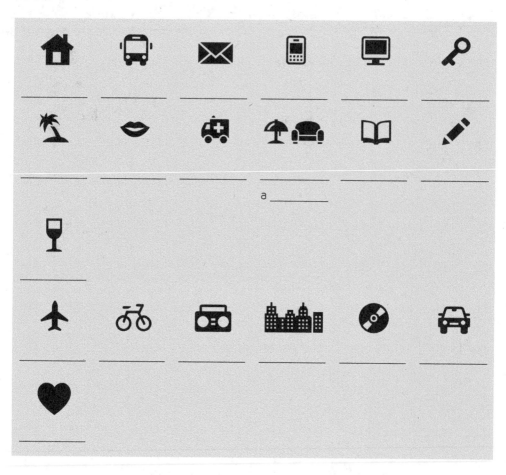

a _____

TO JSOU*:

>> * *In Czech as well as in English some words have only a plural form!*

KDO JE TO? / KDO TO JE? – *WHO IS IT?*

TO JE:

🕴 _____	_____	_____	_____
👤 _____	_____	_____	_____
👧 _____	_____	_____	_____
👩 _____	_____	_____	_____
👶 _____	_____	_____	_____

TO JE: **TO JSOU:**

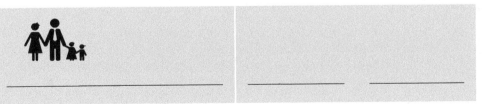

_____   _____   _____

gender		ending	examples
masculine (M)	a*	hard consonant / ambiguous cons.	stude**nt**, klu**k**, brat**r**, Če**ch**, pe**s**
		soft consonant / + ending -tel	mu**ž**, řidi**č**, uči**tel**, při**tel**
	i*	hard consonant / ambiguous cons.	papí**r**, konce**rt**, slovní**k**, pa**s**, hote**l**
		soft consonant	ča**j**, poko**j**, pomeran**č**, nů**ž**
feminine (F)		-A	žen**a**, holk**a**, studentk**a**, káv**a**, škol**a**
		-E/-Ě	přitelkyn**ě**, televiz**e**, ulic**e**, sklenic**e**
		consonant	tramva**j**, kole**j**, poste**l**, no**c**
neuter (N)		-O	aut**o**, měst**o**, metr**o**, piv**o**
		-E/-Ě	neb**e**, moř**e**, letišt**ě**, vejc**e**, kuř**e**, dít**ě**
		-Í	náměst**í**, nádraž**í**, ponděl**í**
		-UM	muze**um**, stipendi**um**, centr**um**, víz**um**

* a = animate (human beings and animals), i = inanimate (things, but also plants). If you are not sure about animate or inanimate nouns, try to imagine if an object can move (animate) or can not move (inanimate).

» There are 3 genders in Czech: masculine, feminine and neuter. If a noun does not have a natural gender (male – a man, female – a woman, or neuter – a child), then the **ending** of the noun determines the appropriate gender (you can find it in the table).

Consonant endings are typical for the **masculine gender**, but are also found **sporadically** in the **feminine gender**. The ending -E appears with both **feminine and neuter nouns**, but maybe a little bit more frequently for feminine. All baby animals, and also **dítě** (child) are **neuter**.

Gender is important not only for nouns but also for adjectives and pronouns, as you will see later.

■ **4. Write the gender M, F or N and guess the meaning of the words in English:**

fax	...	_____	Německo	...	_____
telefon	...	_____	koncert	...	_____
doktor	...	_____	kniha	...	_____
banka	...	_____	kamarád	...	_____
restaurace	...	_____	slunce	...	_____
pivo	...	_____	kluk	...	_____
náměstí	...	_____	paprika	...	_____
autobus	...	_____	Francie	...	_____
tramvaj	...	_____	plán	...	_____
kolej	...	_____	kuře	...	_____
banán	...	_____	rohlík	...	_____
mléko	...	_____	houska	...	_____
pomeranč	...	_____	Finsko	...	_____
škola	...	_____	kamarádka	...	_____
kečup	...	_____	pokoj	...	_____
cédéčko	...	_____	hotel	...	_____
nula	...	_____	čaj	...	_____
park	...	_____	divadlo	...	_____
Itálie	...	_____	vchod	...	_____
student	...	_____	východ	...	_____
profesorka	...	_____	Polsko	...	_____
muž	...	_____	Amerika	...	_____
holka	...	_____	vejce	...	_____
papír	...	_____	mapa	...	_____
salát	...	_____	Slovensko	...	_____
káva	...	_____	ovoce	...	_____
ulice	...	_____	maso	...	_____
pas	...	_____	Anglie	...	_____
město	...	_____	džus	...	_____
voda	...	_____	koruna	...	_____
lampa	...	_____	euro	...	_____
víkend	...	_____	sendvič	...	_____
adresa	...	_____	supermarket	...	_____

MĚSTO – *A TOWN*

To je město. To město je Praha. To je jedna ulice. Je to Národní třída. Co tam je? Je tam obchodní dům Tesco, naproti banka a vedle jsou kavárna Louvre a cestovní kancelář Fischer. Naproti je trafika. Dole vzadu je Národní divadlo.

Vedle je most a řeka Vltava. Naproti je kavárna Slavia a knihkupectví. Je tam škola? Ne, škola tam není. Je tam pošta? Pošta taky ne. Ale je tam můj kamarád, Jan Novák. Není sám. Je tam taky moje kamarádka Hana Nováková.

■ **5. Respond:**

Co to je? _____

Co tam je? _____

Kde je banka? _____

Kde je Národní divadlo? _____

Co je naproti? _____

Je tam škola? _____

Kde je pošta? _____

Kdo tam je? _____

Kdo je Jan Novák? _____

Je tam Hana Nováková? _____

Kdo je Hana Nováková? _____

Je Jan student? _____

Je Hana profesorka? _____

Je Hana Češka? _____

Odkud je Peter? _____

Odkud jste vy? _____

Odkud je Jan Novák? _____

? KDE?
WHERE?

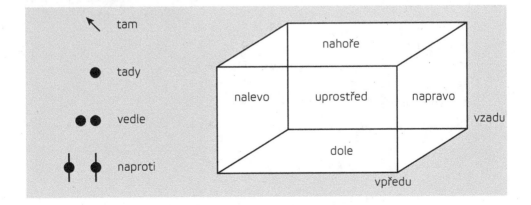

tam

tady

vedle

naproti

nahoře

nalevo uprostřed napravo

vzadu

dole

vpředu

■ **6. Do you know where the Wenceslaus Square (*Václavské náměstí*) is? Respond:**

Co je nahoře?– Národní muzeum.
Kde je muzeum? _____

Co je vpředu? – Pomník.
Kde je pomník? _____

Co je uprostřed? – Křižovatka.
Kde je křižovatka? _____

Co je nalevo i napravo? – Obchody, banky, hotely, restaurace.
Kde jsou obchody, banky, hotely, restaurace? _____

Co je dole? – Můstek.
Kde je Můstek? _____

Co je vzadu? – Státní opera.
Kde je Státní opera? _____

■ **7. Match the sentences:**

1.	Dobré ráno!	a)	Není zač!
2.	Dobrý den!	b)	Jsem z Francie.
3.	Dobrý večer!	c)	Národní divadlo je dole vzadu.
4.	Ahoj!	d)	Tady naproti.
5.	Čau!	e)	Prosím!
6.	Jak se máte?	f)	Jsme z Anglie.
7.	Jak se máš?	g)	Dobrý den!
8.	Odkud jste?	h)	Na shledanou!
9.	Odkud jsi?	i)	Děkuju, ujde to.
10.	Kde je banka?	j)	Čau!
11.	Kde je Národní divadlo?	k)	Nahoře.
12.	Kde je Muzeum?	l)	Těší mě. Já jsem Hanna!
13.	Kde je Můstek?	m)	Super!
14.	Děkuju.	n)	Těší mě. Já jsem Juan.
15.	To je můj kamarád Petr.	o)	Dobré ráno!
16.	Jste Američan?	p)	Můstek je dole.
17.	Jste Češka?	q)	Ne, jsem cizinka.
18.	Na shledanou!	r)	Dobrý večer!
19.	Jsem Jan.	s)	Ne, jsem Němec.
20.	Díky.	t)	Ahoj.

a	and	jeden (m), jedna (f)	one
ale	but	jedno (n)	one
ano; no, jo (coll.)	yes	kamarád (m)	friend
Američan (m)	American (man)	kamarádka (f)	friend
Američanka (f)	American (woman)	kavárna (f)	café, coffeeshop
Amerika (f)	America	kde	where
Angličan (m)	English(man)	kdo	who
Angličanka (f)	English(woman)	kluk (m)	boy
Anglie (f)	England	knihkupectví (n)	bookstore
Australan (m)	Australian (man)	křižovatka (f)	crossroad
Australanka (f)	Australian (wom.)	město (n)	town
Austrálie (f)	Australia	mizerně (adv.)	woefully
banka (f)	bank	most (m)	bridge
Belgičan (m)	Belgian (man)	můj (m), moje (f, n)	my; mine
Belgičanka (f)	Belgian (woman)	muž (m)	man
Belgie (f)	Belgium	náhodou	by chance
být	to be	nahoře	on the top; up
cestovní kancelář (f)	travel agency	nalevo	on the left
cizinec (m)	foreigner (man)	náměstí (n)	square
cizinka (f)	foreigner (woman)	napravo	on the right
co	what	naproti	across the street
Čech (m)	Czech (man)	ne	no
Češka (f)	Czech (woman)	národní (adj.)	national
Česká republika (f)	Czech Republic	Německo (n)	Germany
den (m)	day	Němec (m)	German (man)
dítě (n)	child	Němka (f)	German (woman)
divadlo (n)	theatre	noc (f)	night
dobrý (adj.)	good	obchod (m)	shop
dobře (adv.)	good, well	obchodní dům (m)	department store
docela	quite	odkud	where from
doktor (m), -ka (f)	doctor	opravdu	really, indeed
dole	down	paní; paní!	Mrs., Ma'am!
Evropa (f)	Europe	pán; pan; pane!	gentleman; Mr., Sir!
fajn (coll.)	fine	pomník (m)	monument
fantasticky (adv.)	fantastic	pošta (f)	post-office
Fin (m), Finka (f)	Finnish (man, wom.)	prezident (m), -ka (f)	president
Finsko (n)	Finland	prima (coll.)	great
Francie (f)	France	profesor (m), -ka (f)	professor
Francouz (m)	French (man)	příšerně (adv.)	horribly
Francouzka (f)	French (woman)	Rakousko (n)	Austria
holka (f)	girl	Rakušan (m)	Austrian (man)
hrozně (adv.)	awfully, terribly	Rakušanka (f)	Austrian (woman)
i	and, as well as	restaurace (f)	restaurant
Itálie (f)	Italy	Rusko (n)	Russia
Ital (m) Italka (f)	Italian (man, wom.)	Rus (m)	Russian (man)
jak	how	Ruska (f)	Russian (woman)

řeka (f)	river	uprostřed	in the middle
sám (m), sama (f)	alone	vedle	next to, beside
skvěle (adv.)	great, brilliant	výborně (adv.)	excellent
státní (adj.)	state	vpředu	in front of
strašně (adv.)	terribly	vzadu	in the back
student (m), -ka (f)	student	z, ze (prep. + Gen.)	from
škola (f)	school	žena (f)	woman
Španěl (m), -ka (f)	Spanish (man, wom.)	**FRÁZE:**	**PHRASES:**
Španělsko (n)	Spain		
špatně (adv.)	bad	Jak se máte?	How are you?
tady	here	Jde to. / Ujde to.	Not bad; So-so.
tak	so; like this	Nic moc.	Nothing special.
taky, také	also, too	Prosím.	Please.
tam	there		You are welcome.
to	it		Here you are.
trafika (f)	news-agent's	Těší mě.	I'm pleased.
třída (f)	class; classroom;		Nice to meet you.
	avenue	To nic.	That's okay.
ulice (f)	street		

MŮJ POKOJ – *MY ROOM*

To je můj pokoj. Je velký a světlý. Je tam velké okno. Mám tam postel, nový stůl, malé křeslo a skříň. Dole je indický koberec, nahoře bílá lampa. Je tam taky staré piano. Jsou tam i police na knížky a komoda na prádlo. Je tam i moderní pohovka z Ikey. Mám tam taky moderní hifi věž. Můj pokoj je příjemný. Líbí se mi. Mám rád ten pokoj.

A co vy? Líbí se vám můj pokoj?

>> *In Czech we use „to je" only if a noun follows:* (**Co to je? To je pokoj. To je
lampa. Kdo to je? To je můj kamarád / moje kamarádka.**), *or if we are
qualifying something:* (**To je dobré. To je špatné.** → *That's good. That's bad*).
But if we are saying what something looks like, the sentence just begins with „Je".
To je pokoj → *That's the room.* **Je velký.** → *It is big.*
The difference between: (**Je tam piano.**) *and* (**Je tam piano?**) *is that in the
first, your intonation goes down at the end of the sentence, while in the second,
it goes up.*

■ **1. Respond:**

Co to je? _____

Čí je ten pokoj? _____

Jaký je pokoj? _____

Jaké je okno? _____

Jaký je stůl? _____

Jaké je křeslo? _____

Co tam mám? _____

Co je dole? _____

Jaký je koberec? _____

Kde je lampa? _____

Jaká je lampa? _____

Jsou tam police na knížky? _____

Je tam piano? _____

Jaké je piano? _____

Je tam komoda? _____

Odkud je pohovka? _____

Co je Ikea? _____

Jaký je tam nábytek? _____

Je hifi věž moderní? _____

Co tam není? _____

Je ten pokoj moderní? _____

Líbí se vám můj pokoj? _____

*JAKÝ = WHAT IS ... LIKE?	*KTERÝ = WHICH?
WHAT KIND OF?	
WHAT IS ... ?	

!

Jaký je rozdíl? – *What is the difference?*
Jaké je tvoje telefonní číslo? – *What is your telephone number?*
Jaká je tvoje adresa? – *What is your address?*

TVRDÁ ADJEKTIVA *(HARD ADJECTIVES)*	MĚKKÁ ADJEKTIVA *(SOFT ADJECTIVES)* ▶
M **Ý** dobrý den	**Í** ⟋pokoj
F **Á** dobrá voda	**Í** moderní ⟵—lampa
N **É** dobré pivo	**Í** ⟍rádio
M Jaký je pokoj? *What is the room like?*	(Pokoj) je nový a moderní. *The room is new and modern.*
F Jaká je lampa? *What is the lamp like?*	(Lampa) je nová a moderní. *The lamp is new and modern.*
N Jaké je okno? *What is the window like?*	(Okno) je nové a moderní. *The window is new and modern.*
M Jaký je doktor? *What kind of doctor is he?*	(Doktor) je starý a kompetentní. *He is old and competent.*
F Jaká je doktorka? *What kind of doctor is she?*	(Doktorka) je mladá a elegantní. *She is young and elegant.*
N Jaké je dítě? *What kind of child is he/she?*	(Dítě) je malé a inteligentní. *The child is small and intelligent.*

■ **2. Match the Czech adjectives with their English equivalents:**

a)			b)		
nový	*old*		velký	*light*	
starý	*modern*		světlý	*small, little*	
moderní	*new*		malý	*big*	
ošklivý	*nice*		tmavý	*pleasant*	
hezký	*ugly*		příjemný	*dark*	

c)			d)		
studený	*warm*		dobrý	*Czech*	
teplý	*black*		špatný	*excellent*	
slabý	*weak*		výborný	*foreign*	
silný	*cold*		český	*bad*	
černý	*strong*		cizí	*good*	

■ **3. Add the appropriate nouns to the adjectives according to their gender:**

pivo

hotel

nový _____

koberec _____

počítač _____

mapa _____

slovník _____

kniha _____

hezká _____

holka

ulice _____

pokoj

kolej _____

telefon _____

náměstí

velké _____

okno _____

■ **4. Match the opposites:**

velký	ošklivý	zajímavý	dobrý
studený	starý	čistý	slabý
pomalý	malý	špatný	starý
mladý	teplý	nový	nudný
hezký	rychlý	silný	špinavý
chytrý	hloupý	drahý	levný

■ **5. Respond:**

Jaký je hotel? _____

Jaký je čaj? _____

Jaký je dům? _____

Jaký je profesor? _____

Jaký je pokoj? _____

Jaký je den? _____

Jaká je Praha? _____

Jaká je káva? _____

Jaká je profesorka? _____

Jaká je kolej? _____

Jaké je pivo? _____

Jaké je víno? _____

Jaké je počasí? _____

Jaké je náměstí? _____

Jaké je české pivo? _____

Jaké je italské víno? _____

Jaký je francouzský sýr? _____

Jaké je české víno? _____

Jaká je německá móda? _____

Jaká je švýcarská čokoláda? _____

Jaké je španělské ovoce? _____

Jaká je finská sauna? _____

Jaká je anglická monarchie? _____

Jaké je české jídlo? _____

Jaký je americký film? _____

Jaké je české metro? _____

Jaké je anglické počasí? _____

Jaké je španělské moře? _____

Jaké je americké jídlo? _____

Jaká káva není dobrá? _____

Jaký sýr není dobrý? _____

Jaké pivo není dobré? _____

Jaké víno není dobré? _____

Jaká politika není dobrá? _____

Které město je staré? _____

Které město je nové? _____

Která ulice je hezká? _____

Která kniha je zajímavá? _____

Která kniha je nudná? _____

Který časopis je dobrý? _____

Která kolej je špatná? _____

Který student není dobrý? _____

Které ovoce je dobré? _____

Který prezident je dobrý? _____

Který film je dobrý? _____

■ 6. Say what you think:

Je Eminem dobrý zpěvák?

Je Madonna dobrá zpěvačka?

Je Milan Kundera dobrý spisovatel?

Je Joanne Rowlingová dobrá
   spisovatelka?

Je Mona Lisa krásný obraz?

Je Toyota rychlé auto?

Je Pilsner Urquell dobré pivo?

Je Carmen hezká opera?

Je Pianista dobrý film?

Jaký herec je Woody Allen?

Jaká herečka je Pamela Andersonová?

Jaký autor je Václav Havel?

Jaký je film Chicago?

Jaká je kniha Malý princ?

Jaké je víno Frankovka?

žlutá – *yellow*	černá – *black*	fialová – *violet*	béžová – *beige*
oranžová – *orange*	šedá – *gray*	růžová – *pink*	hnědá – *brown*
červená – *red*	bílá – *white*	modrá – *blue*	zelená – *green*

OVOCE – *FRUITS*

M

banán

F

mandarinka

N

hroznové víno

citron

hruška

jablko

pomeranč

švestka

kiwi

ořech

jahoda

mango

■ **7. Match the fruits with the colours. The gender can help you here:**

Jahoda je	hnědý.
Banán je	oranžový.
Jablko je	modrá a fialová.
Pomeranč je	žlutý.
Švestka je	zelené nebo modrofialové.*
Citron je	oranžová.
Meloun je	červený a zelený nebo žlutý.
Ořech je	červené, žluté nebo zelené.
Víno je	žlutý.
Mandarinka je	červená.

LÍBÍ SE MI / MÁM RÁD
I LIKE

>> *There are two phrases meaning "I like":*
Líbí se mi** – *you can use this for anything you see or hear (a town, music, a picture, a person...).* **Mám rád** (M), **Mám ráda** (F) *is one step further and it means almost "I love".*

Která barva se ti** / vám** líbí?

Líbí se mi _____ , nelíbí se mi _____.

Která barva je studená, která je teplá?

_____ je studená barva.

_____ je teplá barva.

Líbí se ti studené nebo teplé barvy? (*colours*)

Líbí se mi teplé barvy, ale mám rád/a studené pivo!!!

Já taky!

* modrý + fialový = modrofialový
** mi = *to me*, ti = *to you (informal)*, vám = *to you (formal); dative case*

TEN, TA, TO = *THE / THIS*			JEDEN, JEDNA, JEDNO = *ONE*	
M	**TEN**	ten muž	**JEDEN**	jeden muž
		ten dům		jeden dům
F	**TA**	ta žena	**JEDNA**	jedna žena
		ta káva		jedna káva
N	**TO**	to dítě	**JEDNO**	jedno dítě
		to auto		jedno auto

Jaký je to student?   Jaký je ten student?
To je dobrý student.   Ten student je dobrý.

Jaká je to káva?   Jaká je ta káva?
To je dobrá káva.   Ta káva je dobrá.

Jaké je to pivo?
To je dobré pivo.   To pivo je dobré.

TO

IT   THE / THIS (N)

■ 8. Fill in the correct forms of *ten, ta, to*:

____ pivo je výborné. ____ dům je starý. ____ univerzita je dobrá. ____ cukr je bílý.

____ káva není teplá. ____ hotel je drahý. ____ restaurace je levná a dobrá. Kde je

____ restaurace? ____ počasí je hrozné. ____ sklenice je špinavá. ____ náměstí je velké.

____ svetr je malý. ____ džus je studený. ____ zmrzlina je dobrá. ____ auto je nové.

____ televize je nudná. ____ film je výborný. ____ kniha není špatná.

____ je hrozné! ____ je zajímavé. ____ je relativní. ____ není pravda! ____ je fakt.

____ je škoda! ____ je život! ____ je skandál! ____ je tragédie! ____ není fér.

■ 9. Fill in the correct forms of *jeden, jedna, jedno*:

_____ dolar	_____ problém	_____ muž	_____ nádraží
_____ koruna	_____ lístek	_____ dítě	_____ euro
_____ pivo	_____ kino	_____ rohlík	_____ stůl
_____ kniha	_____ káva	_____ minuta	_____ židle
_____ žena	_____ den	_____ náměstí	_____ tramvaj

PŘIVLASTŇOVACÍ ZÁJMENA
POSSESSIVE PRONOUNS

CO?	čaj (M)	káva (F)	pivo (N)
ČÍ?	Čí je ten čaj?	Čí je ta káva?	Čí je to pivo?

KDO?	↓	↓	↓
JÁ 🧍+🧍	MŮJ	MOJE / MÁ	MOJE / MÉ
TY 🧍+🧍	TVŮJ	TVOJE / TVÁ	TVOJE / TVÉ
ON 🧍		JEHO	
ONA 🧍		JEJÍ	
ONO/TO		JEHO	
MY	NÁŠ	NAŠE	NAŠE
VY	VÁŠ	VAŠE	VAŠE
ONI		JEJICH	

» **má, tvá** (F) *and* **mé, tvé** (N) *have the adjective endings:* **má, tvá dobrá káva; mé, tvé dobré pivo.**
The forms **moje, tvoje, naše, vaše** (F+N) *are more frequent, since they are the same for both genders.*

■ **10. Add** *můj / moje* **to the words below:**

_____ kniha	_____ problém	_____ tričko
_____ pivo	_____ postel	_____ sešit
_____ kamarád	_____ pokoj	_____ cédéčko
_____ telefon	_____ klíč	_____ auto
_____ slovník	_____ taška	_____ počítač
_____ kolej	_____ fotka	_____ oběd

■ **11. Form possessive pronouns from the personal pronouns in brackets**
   and use them in the gaps:

Je to (ty) _____ pivo? Kde je (já) _____ místo?

Tam je (my) _____ učitel! Líbí se ti (já) _____ parfém?

Líbí se ti (já) _____ účes? (*hair-style*) (Ty) _____ tričko je moc hezké.

To je (on) _____ problém. Je to (ona) _____ sestra?

To je (já) _____ bratr. (My) _____ třída je moc malá.

(Oni) _____ auto je staré, (my) _____ je nové. Jaký je (vy) _____ problém?

Líbí se ti (my) _____ dům? To je (oni) _____ adresa.

Kde je (my) _____ kamarád? (On) _____ pokoj není hezký.

■ **12. Form feminine nouns, adjectives, pronouns and numerals:**

můj kamarád a	_____	výborný inženýr a	_____
pan Novák a	_____	prodavač a	_____
dobrý student a	_____	cizinec a	_____
náš učitel a	_____	jeden Němec a	_____
pan doktor a	_____	jeden můj přítel a	_____
pan Černý a	_____	český herec a	_____

■ **13. Fill in the answers:**

Co to je?	Co to je?	Co to je?
_____	_____	_____
Jaký je ten…?	Jaká je ta…?	Jaké je to…?
_____	_____	_____
Čí je ten…?	Čí je ta…?	Čí je to…?
_____	_____	_____

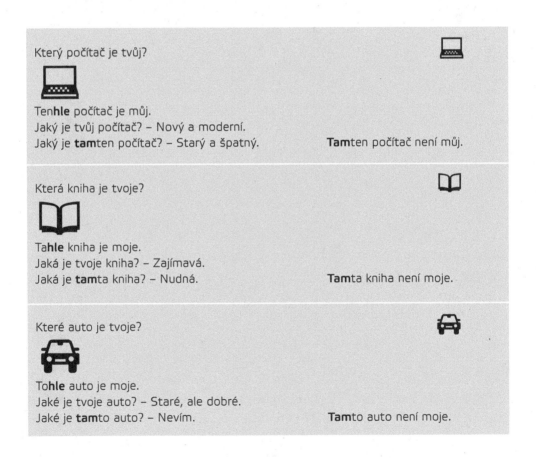

Který počítač je tvůj?

Ten**hle** počítač je můj.
Jaký je tvůj počítač? – Nový a moderní.
Jaký je **tam**ten počítač? – Starý a špatný.   **Tam**ten počítač není můj.

Která kniha je tvoje?

Ta**hle** kniha je moje.
Jaká je tvoje kniha? – Zajímavá.
Jaká je **tam**ta kniha? – Nudná.   **Tam**ta kniha není moje.

Které auto je tvoje?

To**hle** auto je moje.
Jaké je tvoje auto? – Staré, ale dobré.
Jaké je **tam**to auto? – Nevím.   **Tam**to auto není moje.

1–10	**11–19** 11–19 (**-náct**)	**20–100** 20–40 (**-cet**)
0 nula		
1 jedna	11 jede**náct**	
2 dvě, dva	12 dva**náct**	20 dva**cet**
3 tři	13 tři**náct**	30 tři**cet**
4 čtyři	14 **čtrnáct**	40 čtyři**cet**
		50–90 (**-desát**)
5 pět	15 **patnáct**	50 **padesát**
6 šest	16 šest**náct**	60 **šedesát**
7 sedm	17 sedm**náct**	70 sedm**desát**
8 osm	18 osm**náct**	80 osm**desát**
9 devět	19 **devatenáct**	90 **devadesát**
10 deset		100 sto

200–1000 **300–400** (**-sta**)	**500–900** (**-set**)	**1000** tisíc
200 dvě **stě**	500 pět **set**	
300 tři **sta**	600 šest **set**	
400 čtyři **sta**	700 sedm **set**	
	800 osm **set**	
	900 devět **set**	

21–29

21 dvacet jedna / jednadvacet
22 dvacet dva / dvaadvacet
23 dvacet tři / třiadvacet
24 dvacet čtyři / čtyřiadvacet
25 dvacet pět / pětadvacet
26 dvacet šest / šestadvacet
27 dvacet sedm / sedmadvacet
28 dvacet osm / osmadvacet
29 dvacet devět / devětadvacet

» *Only the numeral "one" has three different forms, one for each gender:*
jeden (M), **jedna** (F) *and* **jedno** (N).
The numeral "two" has two forms: **dva** (M) *and* **dvě** (F+N).
All other numerals have just one form for all genders.

■ **14. What is your telephone number?**

Můj telefon domů je 223 518 297.
Moje telefonní číslo domů je **dva dva** tři pět **jedna** osm **dva** devět sedm.

Můj mobil je 602 985 342.

_____.

Telefonní číslo – policie (*police*) 158
       – hasiči (*fire brigade*) 150
       – záchranná služba (*ambulance*) 155

■ **15. Respond:**

Jaké je tvoje telefonní číslo?

Moje telefonní číslo je _____.

Tvůj kamarád má telefon. Jaké je jeho telefonní číslo?

Jeho telefonní číslo je _____.

Tvoje kamarádka má telefon. Jaké je její telefonní číslo?

Její telefonní číslo je _____.

■ **16. What is your number?**

Jan má narozeniny 13. 5.* (*Jan has a birthday...*)
Jan se narodil 13. 5. 1980. (*Jan was born...*)
Které je jeho číslo?
Nevím, které je jeho číslo.

Hana má narozeniny 18. 6.
Hana se narodila 18. 6. 1982.
Které je její číslo?
Nevím, které je její číslo.

* Now you can read 1, 3, 5... How is the date in Czech see page 83.

We will get his / her number by adding all the digits.

13. 5. 1980

1 + 3 = 4	jedna plus tři jsou čtyři
4 + 5 = 9	čtyři plus pět je devět
9 + 1 = 10	devět plus jedna je deset
10 + 9 = 19	deset plus devět je devatenáct
19 + 8 = 27	devatenáct plus osm je dvacet sedm
2 + 7 = 9	dva plus sedm je devět

Jeho číslo je devět (9).

Now calculate Hana's number:

18. 6. 1982

1 + 8 = 9	_____
9 + 6 = 15	_____
1 + 5 = 6	_____
6 + 1 = 7	_____
7 + 9 = 16	_____
16 + 8 = 24	_____
24 + 2 = 26	_____
2 + 6 = 8	_____

Její číslo je osm (8).

Které je vaše číslo?

Mám narozeniny / Narodil/a jsem se _____

_____	_____
_____	_____
_____	_____
_____	_____
_____	_____
_____	_____

Moje číslo je _____.

Jaké je které číslo?

Číslo jedna (1) je člověk kreativní a aktivní.
Číslo dvě (2) je člověk pasivní a tolerantní.
Číslo tři (3) je člověk energický a talentovaný.
Číslo čtyři (4) je člověk praktický a nekonvenční.
Číslo pět (5) je člověk impulzivní a komunikativní.
Číslo šest (6) je člověk harmonický a romantický.
Číslo sedm (7) je člověk intuitivní a introvertní.
Číslo osm (8) je člověk emocionální a altruistický.
Číslo devět (9) je člověk ambiciózní a rezolutní.

Které je tvoje číslo?

Moje číslo je _____.

Co znamená číslo _____?

Jsi to ty?

Které číslo má tvůj kamarád?

Co znamená jeho číslo?

Je to on?

Jaký je tvůj kamarád?

Které číslo má tvoje kamarádka?

Co znamená její číslo?

Je to ona?

Jaká je tvoje kamarádka?

Je to pravda?

Je to legrace?

» *Adjectives formed from **words of foreign origin**, such as **moderní, aktivní** and even **cizí (foreign)** are always **soft**. There is one exception: the endings -ský and -cký are always hard, even if attached to roots of foreign origin, e.g. praktický.*

KOLIK JE HODIN? – *WHAT TIME IS IT?*

	JE	jedna	hodina
	JSOU	dvě	
		tři	hodiny
		čtyři	
	JE	pět	
		šest	
		sedm	
		osm	hodin
		devět	
		deset	
		jedenáct	
		dvanáct	

▲ HODINA — 60 minut
— 45 minut (lekce)
Kolik je hodin?

KOLIK STOJÍ...? – *HOW MUCH IS...? (A PRICE)*

KOLIK?	M	F	N	pád
	dolar, rok	koruna, minuta	euro, pivo	(*case*)
1	jeden dolar	jedna koruna	jedno euro	Nom. sg.
	jeden rok (*year*)	jedna minuta	jedno pivo	
2, 3, 4	dva dolary	dvě koruny	dvě eura	Nom. pl.
	dva roky	dvě minuty	dvě piva	
5 – ∞	pět dolarů	pět korun	pět eur	Gen. pl.
	pět roků	pět minut	pět piv	

Kolik stojí slovník? – Malý slovník stojí 130 korun. Velký slovník stojí 440 korun.
Kolik stojí kniha? – Kniha stojí 250 korun.
Jaký je dnes kurz? – 25 korun za euro.

■ **17. Respond:**

Kolik stojí pivo?   _____

Kolik stojí dobrá voda?   _____

Kolik stojí minerálka?   _____

Kolik stojí pizza?   _____

Kolik stojí kola?   _____

Kolik stojí rohlík?   _____

Kolik stojí lístek na metro?   _____

Kolik máš roků/let?   _____

Kolik stojí káva z automatu?   _____

Je to dobrá cena? A káva?   _____

Kolik je hodin?

Je 12.00 – je dvanáct hodin; je poledne

Je 12.05 – je dvanáct hodin a pět minut

Je 12.20 – je dvanáct hodin a dvacet minut

Je 12.30 – je dvanáct hodin a třicet minut

Je 13.08 – je třináct hodin a osm minut / je jedna hodina a osm minut

Je 13.45 – _____ _____

Je 13.52 – _____ _____

Je 14.01 – je čtrnáct hodin a jedna minuta / jsou dvě hodiny a jedna minuta

Je 14.17 – _____ _____

Je 14.33 – _____ _____

Je 15.00 – je patnáct hodin / jsou tři hodiny

Je 15.05 – _____ _____

Je 20.00 – je dvacet hodin / je osm hodin večer

Je 20.10 – _____ _____

Je 24.00 – je dvacet čtyři hodin / je půlnoc

sg.	affirmative	negative	pl.	affirmative	negative
(já)	m**ám**	**ne**mám	(my)	m**áme**	**ne**máme
(ty)	m**áš**	**ne**máš	(vy)	m**áte**	**ne**máte
(on)			(oni)		
(ona)	m**á**	**ne**má	(ony)	ma**jí**	**ne**mají
(ono) / to			(ona)		

>> *Personal pronouns are only used for emphasis: **I** have, but **you** don't have... – **Já** mám, ale **ty** nemáš... The ending of the verb is normally enough to tell us who the subject is!*

▲ Mám auto, problém, plán, cíl (*goal, aim*), byt, čas (*time*), peníze (*money*), nápad (*idea*)... – ~~Nemám nápad.~~ → Nevím. !

■ **18. Fill in the correct affirmative or negative forms of the verb *mít*:**

1. (ty) _____ auto? – Ano, _____ auto. A ty?

2. Ne, já _____ auto. Jaké je tvoje auto?

3. (já) _____ černé auto. Moje auto je staré a pomalé. _____ Jan auto?

4. Ó, ano! Jan _____ auto. (on) _____ bílé auto. Jeho auto je nové a rychlé.

5. Já _____ nic*.

6. To není pravda! (ty) _____ nový počítač!

7. (vy) _____ večer čas? – Ano, _____ čas.

8. (oni) _____ tady byt? – Ne, _____ byt, ale _____ dům.

9. (ty) _____ program na večer? – Ne, _____ program na večer.

10. (vy) _____ čas? – Bohužel, dnes _____ čas.

11. (oni) _____ velký problém. – Jaký problém? – (oni) _____ peníze.

12. (my) _____ dobrý nápad! (vy) _____ peníze?

13. Bohužel taky _____.

14. To je problém! Jaký (vy) _____ plán?

15. My _____ plán a oni taky _____ plán.

16. (oni) _____ chytrý telefon? – Ne, _____, ale moje kamarádka _____.

>> *Multiple negation is typical for Czech:*
Mám něco (*I have something*) × Nemám **nic** (*I have nothing*).

>> *There are a lot of phrases in Czech with the verb* mít *for which English uses the verb* to be.

mám hlad (M)	– *I'm hungry*
mám strach (M)	– *I'm afraid*
mám žízeň (F)	– *I'm thirsty*
mám radost (F)	– *I'm glad, I'm pleased*
mám volno (N)	– *I'm free*
mám štěstí (N)	– *I'm lucky*

MÁM RÁD
I LIKE

(já)	mám / nemám		rád **(M)** / ráda **(F)**
(ty)	máš / nemáš		rád / ráda
(on)			rá**d**
(ona)	má / nemá	**+**	rá**da**
(ono) / (to)			rád**o (N)**
(my)	máme / nemáme		
(vy)	máte / nemáte		rád**i/y**
(oni), (ony)	mají / nemají		

Mám rád pivo. Nemám rád víno.
Mám ráda víno. Nemám ráda pivo.
My máme rádi pivo i víno.

Pane Black, máte rád české jídlo? – Ano, mám rád české jídlo.
Paní Shortová, máte ráda pražské počasí? – Ne, nemám ráda pražské počasí.
Pane Black a paní Shortová, máte rádi naše město? – Ano, máme rádi vaše město.
Paní Shortová a paní Krátká, máte rády naše metro? – Ne, nemáme rády vaše metro.

MÁM HLAD!

Jan:	Ahoj! Jak se máš?
Hana:	Špatně! Mám hlad, ale nemám peníze.
Jan:	Já mám rohlík!
Hana:	Děkuju. Mňam, ten je dobrý!

Jan:	Teď se máš dobře?
Hana:	Nemám se dobře. Teď mám žízeň.
Jan:	Ty máš štěstí! Mám tady pivo!
Hana:	To je problém. Bohužel nemám ráda pivo.
Jan:	No ne!!! Nemáš ráda pivo? Tak... To je tvůj problém!
Hana:	Samozřejmě! To není tvůj problém. To je moje věc!

NEMÁM RÁD/A ČESKÉ PIVO!

Hanna:	Ahoj! Máš rád české pivo?
Juan:	No, to je otázka! Samozřejmě že mám rád české pivo. A ty?
Hanna:	Já nemám ráda pivo. Já mám ráda víno.
Juan:	To je škoda! Jsi v Praze a nemáš ráda pivo!
Hanna:	To je život!
Juan:	České víno není dobré! Španělské a italské víno je dobré.
Hanna:	To je pravda. Ale moravské víno je taky dobré. Mám ráda moravské víno.
Juan:	Máš štěstí! V Praze mají moravské víno. Moravské víno není tak drahé jako španělské nebo italské.

▲ v Praze – *in Prague*
pražský, -á, -é (adj.) – *Prague:* Pražský hrad (*castle*),
pražská šunka (*ham*), pražské metro

MÁM PROBLÉM! NEMÁM ŠTĚSTÍ!

Petr:	Mám problém!
Peter:	Jaký máš problém?
Petr:	Nemám čas.
Peter:	Nemáš čas? To není problém! Asi máš peníze!
Petr:	Nemám ani peníze.
Peter:	Ani čas, ani peníze? To je absurdní! To není normální!
Petr:	Bohužel. Čas jsou peníze. Nemám čas – nemám peníze.
Peter:	Tak to není. Kdo nemá čas, má peníze.
Petr:	Asi ano. To je fakt. Ale já nemám štěstí.

■ **19. Fill in the verb *mít* in affirmative or negative forms:**

1. Já _____ auto, ale můj kamarád _____ auto.

2. Jaké (ty) _____ auto? – (já) _____ moderní a rychlé auto.

3. Ty se _____ !* (ty) _____ štěstí! Tvoje auto je moderní, moje je staré.

4. (vy) _____ dnes volno? – Bohužel (my) _____ .

5. Jan _____ velký hlad!

6. (já) _____ nápad! Tady naproti (oni) _____ dobré jídlo.

7. Hanna _____ ráda pivo, ale _____ ráda víno.

8. Jan a Juan _____ rádi pivo i víno.

9. (oni) _____ nový stůl a nové křeslo.

10 (vy) _____ nějaký problém?

11. (já) _____ tvoje telefonní číslo. Jaké (ty) _____ číslo?

12. (já) _____ _____ _____ _____ _____ _____ _____ _____ .

▲ **líbí** se mi → **oblíbený, -á, -é**

■ **20. Respond:**

Kdo je tvůj oblíbený herec? _____

Kdo je tvoje oblíbená herečka? _____

Kdo je tvůj oblíbený zpěvák? _____

Kdo je tvoje oblíbená zpěvačka? _____

Který je tvůj oblíbený film? _____

Která je tvoje oblíbená opera? _____

Která je tvoje oblíbená skupina? _____

Která je tvoje oblíbená kniha? _____

Který je tvůj oblíbený román? _____

Které je tvoje oblíbené jídlo? _____

Které je tvoje oblíbené pití? _____

* Ty se máš! – *Lucky you are!*

■ **21. Respond:**

Jak velký je tvůj pokoj? _____

Jak starý je jeho dům? _____

Jak staré je jeho auto? _____

■ **22. Fill in a suitable word:**

dobrý, vysoký, velký, studený, drahý

České víno není tak dobré jako španělské.

Praha není tak _____ jako Tokio.

Brno není tak _____ jako Praha.

Káva z automatu není tak _____ jako Segafredo.

Sněžka není tak _____ jako Mount Everest.

Itálie není tak _____ jako Finsko.

■ **23. Fill in the 3rd person plural of the verb *mít* in the meaning "there is":**

Kde v Praze _____ dobré víno? Kde _____ dobré jídlo?

Kde _____ kvalitní ovoce? Kde _____ moderní nábytek?

Kde _____ starý nábytek? Kde _____ dobrý anglicko-český slovník?

■ **24. Write about the way your room looks:**

_____

_____

_____

_____

_____

obraz

pohovka

koberec

květina

komoda

police na knížky

lampa

židle

stůl

postel

stolek

zrcadlo

křeslo

ani	neither	líbit se	to like
ani ... ani	neither ... nor	lístek (m)	ticket
asi	perhaps	místo (n)	place; seat
auto (n)	car	mít: mám	to have: I have
autor (m)	author	moc	a lot, much, many
barva (f)	colour	móda (f)	fashion
bohužel	unfortunately	moře (n)	sea
bratr (m)	brother	na (prep. + Acc.)	for
byt (m)	flat, apartment	nádraží (n)	railway station
cena (f)	price	narozeniny (f. pl.)	birthday
cukr (m)	sugar	náměstí (n)	square
čaj (m)	tea	nebo	or
čas (m)	time	něco	something
časopis (m)	magazine	nějaký, -á ,-é	some
čí	whose	nic	nothing
číslo (n)	number; size	no ... no (coll.)	well
člověk (m)	man, human being	noc (f)	night
čokoláda (f)	chocolate	obraz (m)	picture, painting
dnes, dneska	today	oběd (m)	lunch
dům (m)	house	okno (n)	window
fakt (m × adv.)	fact; really	otázka (f)	question
film (m)	film	ovoce (n), (only sg.)	fruit
fotka (f)	photo	piano (n)	piano
herec (m)	actor	peníze (m. pl.)	money
herečka (f)	actress	pití (n)	drink
hifi věž (f)	hi-fi tower	pivo (n)	beer
hodina (f)	hour, lesson	počítač (m)	computer
indický, -á, -é (adj.)	Indian	počasí (n)	weather
jako	as	pohovka (f)	sofa
jaký, -á, -é	what sort; what is...	pokoj (m)	room
jídlo (n)	food, meal	poledne (n)	noon
káva (f)	coffee	police (f)	shelf
kino (n)	cinema	postel (f)	bed
klíč (m)	key	prádlo (n)	underwear; linen
kniha, knížka (f)	book	pravda (f)	truth
koberec (m)	carpet	prodavač (m), -ka (f)	shop assistant
kolej (f)	campus	přítel (m)	friend / boyfriend
kolik	how much × many	přítelkyně (f)	friend / girlfriend
komoda (f)	chest of drawers	půlnoc (f)	midnight
koruna (f)	crown	rádio (n)	radio
křeslo (n)	arm-chair	ráno (n × adv.)	(in the) morning
který, -á, -é	which	rohlík (m)	roll
kurz (m)	exchange rate; course	rok (m)	year
lampa (f)	lamp	román (m)	novel
legrace (f)	fun	rozdíl (m)	difference
léto (n)	summer (in pl. years)	samozřejmě	of course

sestra (f)	sister	tramvaj (f)	tram
sešit (m)	notebook	tričko (n)	T-shirt
sklenice (f)	glass	v, ve (prep. + Loc.)	in
slovník (m)	dictionary	věc (f)	thing
skříň (f)	wardrobe	večer (m × adv.)	(in the) evening
skupina (f)	band, group	víno (n)	wine; grape
spisovatel (m), -ka (f)	writer	voda (f)	water
strach (m)	fear	učitel (m), -ka (f)	teacher
stůl (m)	table	zmrzlina (f)	ice cream
svetr (m)	jumper	zpěvák (m)	singer
sýr (m)	cheese	zpěvačka (f)	
škoda (f)	pity; damage	že	that
taška (f)	bag	židle (f)	chair
teď	now	život (m)	life

ADJEKTIVA:	**ADJECTIVES:**	slabý	weak
		starý	old
bílý	white	studený	cold
cizí	foreign;	světlý	light
	somebody's else	špatný	bad
český	Czech	špinavý	dirty
čistý	clean	teplý	warm
drahý	expensive	tmavý	dark
hezký	nice	velký	big, large, great
hloupý	stupid	výborný	excellent
hrozný	terrible	vysoký	tall, high
chytrý	clever, smart	zajímavý	interesting
krásný	beautiful		
levný	cheap	**FRÁZE:**	**PHRASES:**
malý	small, little		
mladý	young	mít hlad	to be hungry
moderní	modern	mít nápad	to have an idea
nový	new	mít radost	to be glad
nudný	boring	mít štěstí	to be lucky
oblíbený	favourite	mít volno	to be free
ošklivý	ugly	mít žízeň	to be thirsty
pomalý	slow		
příjemný	pleasant	Čas jsou peníze.	Time is money.
rychlý	fast	To je jeho věc.	That's his business.
silný	strong	To je pravda.	That's true.

LEKCE **3**
LESSON

V RESTAURACI – *IN THE RESTAURANT* ▶

Znáte kavárnu a restauraci Louvre? **Myslím**, že **znáte**. Je velká, není moc drahá a **dělají** tam dobré jídlo a taky dobrou kávu. Teď tam **sedí** Peter Black a Petr Černý. **Čekají na** Janu Krátkou. Proč tam jsou? Peter Black **má** narozeniny, a tak **dělá** malou párty. Peter a Petr spolu **mluví**. Petr **rozumí**, co Peter **říká**, protože Peter už **mluví** trochu česky. **Těší se na** večeři a **myslí na** to, co si dají. **Doufají**, že Jana tam bude brzo, protože **mají** velký hlad.

Peter:	Dobrý den. Máte volný stůl pro tři?
Číšník:	Dobrý den. Máme. Tady nalevo. Prosím. A tady je jídelní lístek.
Peter:	Děkuju.

Číšník:	***Co si dáte?***
Peter:	Já si dám jedno malé světlé pivo.
Petr:	Pro mě jednu minerálku.
Číšník:	***A co si dáte k jídlu?***
Peter:	Děkuju, zatím nic, čekáme na kamarádku.

Jana:	Ahoj! Všechno nejlepší! /Hodně štěstí, zdraví, hodně štěstí, zdraví! Hodně štěstí, milý Peter, hodně štěstí, zdraví!!!/ Tady je dárek pro tebe.
Peter:	Děkuju. Jééé, ta je krásná! Děkuju moc! ***Co si dáš?***
Jana:	Nevím. To je jedno. A ***co si dáte*** vy dva?
Petr:	Já **mám rád** kuře. **Dám si** pečené kuře a bramborovou kaši.
Peter	Já **mám chuť na** ryby, **dám si** kapra.
Jana:	A já **si dám** guláš a k pití tmavé pivo.
Peter:	Dobře. A potom **si dáme** dezert a kávu.

Peter:	Tak ***na zdraví!***
Petr:	Na tvoje zdraví, ty máš narozeniny!
Jana:	Na zdraví a potom ***dobrou chuť!***
Peter:	Díky.
Petr:	Nápodobně!
Peter:	A díky za dárek. Moc se mi líbí!

Číšník:	***Ještě něco***, prosím?
Peter:	Děkujeme, ne. ***Účet, prosím.***
Číšník:	***Platíte zvlášť***, nebo ***dohromady?***
Peter:	Dohromady.
Číšník:	489 korun. (= čtyři sta osmdesát devět)
Peter:	Děkuju. ***To je dobrý.*** (platí 500 Kč)

■ 1. Respond:

Kdo není v restauraci? Proč tam není? _____

Na koho čekají Peter a Petr? _____

Jak spolu mluví? _____

Jaký dárek je pro Petera? _____

Líbí se mu jeho dárek? _____

Co si dá Peter k jídlu? _____

Co si dá Jana k pití? _____

Kdo platí? _____

Kolik stojí večeře? _____

Je ta restaurace drahá? _____

Dává Peter spropitné? Kolik dává? Je to moc, nebo málo? _____

CO ŘÍKAJÍ?

ČÍŠNÍK / ČÍŠNICE (*waiter*)	HOST (*guest*)
Budete jíst? *Will you be eating?*	Prosím, jídelní lístek.
Máte vybráno? *Have you decided?*	Ano. × Ještě ne. *Not yet.*
Co si dáte? *What would you like?*	Dám si…
Co si dáte k jídlu? *What would you like to eat?*	Smažený sýr a hranolky.
Co si dáte k pití? *What would you like to drink?*	Malé pivo.
Ještě něco? *Anything else?*	Účet, prosím. *The bill, please.*
	(Za)platím, prosím. *I'll pay, please.*
Platíte zvlášť? *Are you paying separately?*	
Platíte dohromady? *together?*	To je dobrý. *That's okay.*

▲ Máte **volný stůl?** = **Je tady volno**?; Mám volno. = Mám čas.
spolu × **dohromady**: bydlíme, děláme, mluvíme spolu × platíme dohromady;
pro mě – *for me*; pro tebe – *for you*
Jana tam **bude** brzo. – *Jana **will be** there soon.*

PRESENT TENSE – 1ST TYPE

SLOVESO **DĚLAT**			infinitiv: **-AT, -ÁT** + **MÍT**		
(já)	dělám	**-ÁM**	(my)	děláme	**-ÁME**
(ty)	děláš	**-ÁŠ**	(vy)	děláte	**-ÁTE**
(on) (ona) (ono)	dělá	**-Á**	(oni) (ony) (ona)	dělají	**-AJÍ**

dělat	– to do; to make
dát si	– to have a t. (= to order)
dávat	– to give
doufat	– to hope → **Doufám, že** to není problém! = I hope that...
hledat	– to look for → Hledám metro. = I'm looking for... ! ! !
obědvat	– to have lunch
otevírat	– to open
poslouchat	– to listen to → Poslouchám džez. – I listen to... ! ! !
prodávat	– to sell
říkat	– to say, to tell
snídat	– to have breakfast
volat	– to call
vstávat	– to get up
začínat	– to begin, to start
zavírat	– to close
znát	– to know
zpívat	– to sing
čekat na	– to wait for
dívat se na	– to look at, to watch
ptát se na	– to ask about
zajímat se o	– to be interested in

» *Many Czech verbs follow the pattern **Subject & Verb + Preposition + Object in the accusative** (just as in English).*

The last three verbs from the list above are so-called reflexive verbs and require the particle "se".

Rozumíte?

Co děláte dnes večer?
Teď dělám salát.
Dělám oběd.

Děláme domácí úkol.
Co děláš o víkendu?
Nedělám nic.

■ 2. Match the sentences:

Obědvám kuře a brambory.	*I'm looking for a word.*
Poslouchám džez.	*I get up at seven o'clock.*
Zajímám se o hudbu.	*I'd like a beer.*
Vstávám v sedm hodin.	*I'm interested in music.*
Snídám rohlík a čaj.	*I'm not saying anything.*
Hledám slovo.	*I have chicken and potatoes for lunch.*
Dám si pivo.	*I'm listening to jazz.*
Neříkám nic.	*I have a roll and tea for breakfast.*

■ 3. Put the verbs into the correct forms:

V restauraci (my – dát si) _____ _____ dobrý oběd.

Co (ty – dát si) _____ _____ k jídlu? (já – dát si) _____ _____ kuře a brambory.

V kolik hodin (ty – vstávat) _____ o víkendu? (já – vstávat) _____ brzo.

Ráno nic (já – snídat) _____ . Co (snídat) _____ ty?

(ty – čekat) _____ na kamarády? (já – nečekat) Ne, _____ .

(vy – znát) _____ film Život je krásný? (vy – poslouchat) _____ rap?

Můj kamarád (otevírat) _____ mail každý den.

Kdy (ty – mít) _____ čas? (oni – mít) _____ rádi smažený sýr.

Jsem vegetarián, (mít) _____ rád maso.

(já – zajímat se) _____ _____ o film a divadlo.

O co (zajímat se) _____ _____ ty? (já – zajímat se) _____ _____ o hudbu.

(vy – dívat se) _____ _____ na televizi? (já – nemít) _____ rád/a televizi.

Pozor! Dveře se (zavírat) _____ ! (já – začínat) _____ rozumět česky.

Na co (oni – ptát se) _____ _____ ? (oni – ptát se) _____ _____ na kurz.

Co (vy – hledat) _____ ? Každý den (já – hledat) _____ brýle a klíče.

SLOVESA 2. TYPU
VERBS – 2ND TYPE

PRESENT TENSE – 2ND TYPE

SLOVESO **MLUVIT**			infinitiv: **-IT, -ET, -ĚT** **+ JÍST, SPÁT, STÁT**		
(já)	mluvím	**-ÍM**	(my)	mluvíme	**-ÍME**
(ty)	mluvíš	**-ÍŠ**	(vy)	mluvíte	**-ÍTE**
(on) (ona) (ono)	mluví	**-Í**	(oni) (ony) (ona)	mluví	**-Í**

bydlet	– to live, to stay	sedět	– to sit, be seated
končit	– to end, to finish	učit	– to teach
kouřit	– to smoke	učit se	– to learn
mluvit	– to speak	večeřet	– to have dinner
platit	– to pay	vidět	– to see
rozumět	– to understand	umět	– to know how, to be able to

myslet na	– to think of	! **Myslím na** oběd. **Myslím, že** je to pravda.
těšit se na	– to look forward to	
prosit o	– to ask for	! **Prosím o** pozornost. – Děkuju. – **Prosím.**

! **jíst (jím…)**	– to eat
! **vědět (vím…)**	– to know
! **spát (spím…)**	– to sleep
! **stát (stojím…)**	– to stand × to cost → **Kolik stojí** káva?

!
vidět – vidím
vědět – vím

Rozumíte?

Jak mluvíš?	Mluvím trochu německy.
Mluvíš česky?	Mluvíte moc rychle.
Mluvíte dobře anglicky?	Promiňte, nemluvím česky.

■ **4. Match the sentences:**

Bydlím v Praze.	I don't know what time it is.
Mluvím docela dobře anglicky.	I don't see well.
Učím se česky.	I eat everything.
Večeřím v restauraci.	I'm looking forward to the weekend.
Nevidím dobře.	I speak English quite well.
Nevím, kolik je hodin.	I live in Prague.
Jím všechno.	I'm learning Czech.
Těším se na víkend.	I have dinner in a restaurant.

■ **5. Put the verbs into the correct forms:**

Jak často (ty – večeřet) _____ v restauraci?

(vy – mluvit) _____ anglicky? Kolik (stát) _____ lístek na tramvaj?

(vy – vědět) _____ , kde je Karolinum? (já – nevědět) Ne, _____ .

(ty – těšit se) _____ ____ na nový český film? (já – těšit se) Ano, _____ ____ .

Na co (oni – myslet) _____ ? (vy – jíst) _____ ráno chléb nebo rohlík?

(já – prosit) _____ účet! Můj kamarád (platit) _____ oběd.

(já – těšit se) _____ ____ na večer. Kde (vy – bydlet) _____ ?

(ty – myslet) _____ někdy na studium? Jen někdy.

(vy – myslet) _____ , že Juan (rozumět) _____ česky?

(ty – vědět) _____ , kde (ona – bydlet) _____ ?

Proč tady (on – kouřit) _____ ? (my – učit se) _____ ____ česky.

(ty – vidět) _____ ten dům napravo? To je naše kolej.

(ona – učit) _____ češtinu pro cizince, že ano? – Ano.

Proč (ty stát) _____ ? Tady je židle. Kdo (sedět) _____ vedle tebe?

Kdo (nerozumět) _____ , co (já – říkat) _____ ?

■ **6. Fill in the table:**

infinitiv						vědět 2.		
já	čekám						jím	
ty					doufáš			
on, ona		rozumí						
my								dáme si
vy				ptáte se				
oni, ony			myslí					

■ **7. Fill in the verbs according to the meaning:**

jíst, čekat, říkat, dívat se, hledat, zajímat se, myslet, dělat, těšit se, učit se

1. Taky (ty) _____ na tramvaj ?
2. (já) _____ hlavní nádraží. Nevíte, kde je?
3. Co (vy) _____ ? Nerozumím.
4. Co (ty) _____ dnes odpoledne?
5. (já) _____ ____ česky jeden týden.
6. Oni ____ _____ na televizi každý večer.
7. (my) _____ ____ na víkend.
8. (já) _____ , že čeština je komplikovaný jazyk.
9. O co ____ _____ (ona)?
10. (vy) _____ české jídlo?

■ **8. Answer using the following model:**

Dělám domácí úkol. A oni? Oni nedělají nic.

Dám si kuře. A oni? _____

Snídám jogurt a müsli. A oni? _____

Poslouchám hip-hop. A oni? _____

Hledám slovník. A oni? _____

Čekám na tramvaj. A oni? _____

Myslím na test. A oni? _____

>> *Verbs with an obligatory preposition form* **questions** *by placing* **the preposition first:**

dívat se **na** něco	– **Na co** se díváš?	– Dívám se na film.
zajímat se **o** něco	– **O co** se zajímáš?	– Zajímám se o džez.
myslet **na** něco	– **Na co** myslíš?	– Myslím na pivo.
těšit se **na** něco	– **Na co** se těšíš?	– Těším se na oběd.

>> *The reflexive* **"se" / "si"** *is in the* **second position** *in the sentence:*
Já se dívám... Dívám se..., Kdy se díváš...? V kolik hodin se díváš...?
Já si dám... Dám si..., Co si dáš...?

■ 9. Choose from words below and answer the questions:

O co se zajímáš? / O co máš zájem?

– film, divadlo, cestování, umění, fotbal
– literaturu, hudbu, politiku, historii, sociologii, psychologii

Zajímám se o / Mám zájem o:

_____

Na co myslíš?

– večer, oběd, pivo, domácí úkol, jeden problém
– jeho auto, náš dům, nic

Myslím na

_____

Na co se těšíš?

– víkend, narozeniny, slunce, oběd, večer, nic
– kávu, večeři

Těším se na

_____

KDO TO JE?	**CO** TO JE?	**KDO** TO JE?
To jsem 👧 já	To je 📖 kniha	To je 🧑 kamarád

	CO MÁM?	**KOHO** MÁM?
Já mám (dívám se na, vidím…)	knih**u** 📖	kamaráda 👧

noun ending:			Nom. – To je:	Acc. – Mám, znám, vidím…	
M	i	hard	slovník	slovník	
		soft	čaj	čaj	
	a	hard	kamarád, p**es**	kamaráda, **psa**!	**+A**
		soft	muž, učitel, cizin**ec**	mu**že**, učitel**e**, **cizince**!	**+E**
F	**-A**		káva, kamarádka	káv**u**, kamarádk**u**	**-A → -U**
	-E/-Ě		televize	televiz**i**	**-E → -I**
	-cons.		kolej, noc, chuť	kolej, noc, chuť	
N	**-O**		pivo	pivo	
	-E		vejce	vejce	
	-Í		nádraží	nádraží	
	-UM		stipendium	stipendium	

	Nom.			Acc.		
Ma	**TEN**	ten		toho		**TOHO**
	-Ý	dobrý	kamarád	dobr**ého**	kamaráda	**→ -ÉHO**
	-Í	moderní	muž	modern**ího**	mu**že**	**→ -ÍHO**
F	**TA**	ta	kamarádka	t**u**	kamarádk**u**	**→ -U**
	-Á	dobrá	televize	dobr**ou**	televiz**i**	**→ -OU**
	-Í	moderní	kolej	moderní	kolej	**-Í**

ten, ta, to	= **jeden, jedna, jedno; kdo**
dobrý, dobrá, dobré	= **jaký, jaká, jaké; který, která, které**
	= **můj + tvůj, má + tvá, mé + tvé**
moderní	= **její**

>> A lot of Czech verbs take the **accusative case**, which indicates the **direct object** in the sentence.

■ 10. Put nouns and adjectives (or numerals) into the accusative:

Mám:

Mi	velký hlad	_____
	dobrý nápad	_____
	špatný slovník	_____
	malý problém	_____
	nový telefon	_____

Ma	dobrý kamarád	_____
	malý bratr	_____
	jeden milý soused	_____
	černý pes	_____
	nový přítel	_____
	moderní učitel	_____

F	dobrá kamarádka	_____
	velká sestra	_____
	teplá kola	_____
	studená káva	_____
	neperlivá voda	_____
	jedna otázka	_____
	velká smůla	_____
	moderní pohovka	_____
	zajímavá práce	_____
	nová přítelkyně	_____
	velká žízeň	_____
	velká radost	_____

N	nové kolo	_____
	staré auto	_____
	teplé pivo	_____
	červené víno	_____
	velké štěstí	_____

■ **11. Put the following words into the correct forms and say whether the statement is true or not:**

Je to pravda?

Mám / Nemám rád(a):

číslo 13	_____	hudba	_____
Praha	_____	víkend	_____
kočka	_____	fotbal	_____
čaj	_____	divadlo	_____
gramatika	_____	maso	_____
guláš	_____	salát	_____
Francie	_____	pivo	_____
coca-cola	_____	televize	_____
rýže	_____	špagety	_____

Je to pravda, že mám rád číslo 13. Máte pravdu!
Není to pravda, že mám rád číslo 13. Nemáte pravdu!

■ **12. Put the numeral *jeden* in the correct forms:**

Mám:					
_____ problém	_____ sestru	_____ tužku
_____ esemesku	_____ lístek	_____ papír
_____ bagetu	_____ fotku	_____ otázku
_____ pokoj	_____ pizzu	_____ sýr
_____ kolo	_____ polévku	_____ korunu
_____ bramborák	_____ dolar	_____ euro
_____ bratra	_____ psa	_____ kamaráda

! Víte proč?   jedny noviny
jedny dveře
jedny kalhoty

■ **13. Put the expressions into the accusative:**

Co to je?   Co si dáte?
To je: Dám si:

pomerančový džus   _____

smažený sýr   _____

ovocný čaj   _____

zmrzlinový pohár   _____

okurkový salát   _____

čokoládový dort   _____

vídeňský guláš   _____

hovězí maso   _____

bílé víno   _____

velké pivo   _____

grilované kuře   _____

vařené vejce   _____

bílá káva   _____

houbová polévka   _____

šunková pizza   _____

vanilková zmrzlina _____

studená limonáda   _____

bramborová kaše   _____

■ **14. Ask your neighbour if he / she likes, knows or has the item in brackets:**

Máš rád(a)

(modrá barva)   _____ ?   (smažený sýr)   _____ ?

(mexické jídlo)   _____ ?   (černé pivo)   _____ ?

(černá káva)   _____ ?   (americký fotbal)   _____ ?

(teplé počasí)   _____ ?   (moderní literatura) _____ ?

(vařená kukuřice) _____ ?   (hnědá rýže)   _____ ?

Znáš (pražské metro) _____ ? _____ .

(Iva Bittová) _____ ? _____ .

(česká historie) _____ ? _____ .

(Václavské náměstí) _____ ? _____ .

(Velká Británie) _____ ? _____ .

(dobrý klub) _____ ? _____ .

(vegetariánská restaurace) _____ ? _____ .

(její telefonní číslo) _____ ? _____ .

Máš (velký hlad) _____ ? _____ .

(bílá kočka) _____ ? _____ .

(dobrý nápad) _____ ? _____ .

(malý počítač) _____ ? _____ .

(cizí víno) _____ ? _____ .

(neperlivá voda) _____ ? _____ .

(český slovník) _____ ? _____ .

(volný večer) _____ ? _____ .

■ 15. Fill in the correct answer:

Na co máš chuť?

Mám chuť na   tmavé pivo _____

červené víno _____

smažený sýr _____

vanilková zmrzlina _____

dobrá káva _____

studená kola _____

■ 16. Separate the words and the sentences:

MÁMJEDNUČESKOUKAMARÁDKUJESTUDENTKAMÁDVACETROKŮJEZPRAHY
JEVEGETARIÁNKAMÁMOCRÁDAHUDBUAČERNÉIRSKÉPIVOZNÁŠTAKYJULII

Mám rád/a <u>čaj</u>.	➜	Co máš rád/a?
Mám rád/a <u>černý</u> čaj.	➜	Jaký čaj máš rád/a?
Mám rád/a <u>kávu</u>.	➜	Co máš rád/a?
Mám rád/a <u>černou</u> kávu.	➜	<u>Jakou</u> kávu máš rád/a?
Mám rád/a <u>Eminema</u>.	➜	**Koho** máš rád/a?
Mám rád/a <u>Madonnu</u>.	➜	**Koho** máš rád/a?
Čekám **na** <u>tramvaj</u>.	➜	**Na co** čekáš?
Zajímám se **o** <u>sport</u>.	➜	**O co** se zajímáš?
Myslím **na** <u>test</u>.	➜	**Na co** myslíš?
Těším se **na** <u>víkend</u>.	➜	**Na co** se těšíš?
Mám chuť **na** <u>pivo</u>.	➜	**Na co** máš chuť?
Čekám **na** <u>Juana</u>.	➜	**Na koho** čekáš?
Zajímám se **o** <u>Hannu</u>.	➜	**O koho** se zajímáš?
Myslím **na** <u>Juana</u>.	➜	**Na koho** myslíš?
Těším se **na** <u>Hannu</u>.	➜	**Na koho** se těšíš?

■ 17. Ask and answer:

Jaký salát máš rád/a?	Mám rád/a okurkový salát.
Jaký čaj	_____
Jaký dort	_____
Jaký obchod	_____
Jaké víno	_____
Jaké pivo	_____
Jaké jídlo	_____
Jaké počasí	_____
Jakou kávu	_____
Jakou pizzu	_____
Jakou barvu	_____
Jakou hudbu	_____
Jakou polévku	_____
Jakou restauraci	_____

>> To form adjectives based on **nouns** meaning **food, fruit** and **vegetables**, the most frequent suffixes are:

-ový

brambory	→	bramborový salát
		bramborová kaše
		bramborové těsto

-ný

ovoce	→	ovocný jogurt
		ovocná zmrzlina
		ovocné mléko

>> The suffix **-ný** is primarily typical for adjectives derived from **verbs**:

grilovat → grilované kuře   vařit → vařené vejce (boiled egg)

■ **18. Form the adjectives from the nouns (make sure they agree in gender with the nouns!):**

Dám si:

okurka:	_____ salát	_____
zelenina:	_____ polévka	_____
zmrzlina:	_____ pohár	_____
jahoda:	_____ koktejl	_____
pomeranč:	_____ džus	_____
čokoláda:	_____ dort	_____
tvaroh:	_____ koláč	_____
vanilka:	_____ zmrzlina	_____
rajčata:	_____ salát	_____
švestka:	_____ koláč	_____
paprika:	_____ guláš	_____
smetana:	_____ krém	_____
brambory:	_____ kaše	_____
šunka:	_____ pizza	_____
sýr:	_____ pizza	_____

	-E	-Ě
JAK SE MÁŠ?		
Mám se	DOBŘE	ŠPATNĚ
	SKVĚLE	MIZERNĚ

		-U
JAK MLUVÍŠ?		
Mluvím	RYCHLE	POMALU
		TROCHU

	-Y	
JAK MLUVÍŠ?		
Mluvím	ČESKY	
	ANGLICKY	

	-O
JAK DLOUHO se učíš česky?	Neučím se česky dlouho.
JAK ČASTO máš češtinu?	Velmi často.
JAK DALEKO je škola?	Škola není daleko, je docela blízko.
JAK je venku?	Je teplo. × Je chladno. / ! Je zima. !

》 Máš francouzský román? – Nemám, nemluvím / neumím francouzsky.

Máš německý slovník? – Nemám, nemluvím / neumím německy.

Máš italský časopis? – Nemám, nemluvím / neumím italsky.

ZNÁT + NOUN in Acc.	→	to know something, to be acquainted with:
		Znám operu Carmen.
VĚDĚT + CLAUSE	→	to know
		Vím, že je Carmen francouzská opera.
UMĚT + INF. / ADV.	→	to know how, can:
		Umím zpívat operu Carmen. Umím francouzsky.

▲   znalost / vědomost – *knowledge*
věda – *science*; vědec – *scientist*
umění – *art*; umělec – *artist*

» *3rd person pl. of verbs* **"vědět"** *and* **"jíst"** *is irregular:*

(já)	vím	jím	(my)	víme	jíme
(ty)	víš	jíš	(vy)	víte	jíte
(on)	ví	jí	(oni)	**vědí/ví**	**jedí/jí**

■ **19. Read:**

Co jíme? – Nevíme, co jíme.
Víš, co to je? – Vím, co to je.
Jak se to řekne česky? – Nevím, jak se to řekne česky.
Víš, kolik je hodin? – Nevím.
Víš, který den je dnes? – Dnes je středa.
Víš, jaké má auto? – Nevím, jaké má auto.
Víš, kdo to je? – Ne, nevím, kdo to je.
Znáte citát: „Vím, že nic nevím?"
Víte, který filozof to říkal?

■ **20. Read and answer the questions:**

Hanna umí finsky, anglicky a trochu německy. Teď se učí česky.
Juan umí španělsky a docela dobře anglicky. Taky se učí česky.
Hana umí česky, anglicky a trochu francouzsky.
Jan umí česky a ne moc dobře anglicky. Ale španělsky mluví moc dobře!

Hanna nemluví dobře německy. Jen trochu rozumí.
Juan vůbec nemluví německy.

Který jazyk umíš ty? Umím _____

Jak dlouho se učíš česky? Učím se česky _____

Který jazyk umí tvůj kamarád? Můj kamarád umí _____

Který jazyk umí tvoje kamarádka? Moje kamarádka umí _____

Umíš španělsky? _____

Víš, kde je Španělsko? _____

Znáš někoho ze Španělska? Koho? _____

Umíš vařit? _____

Co umíš vařit? _____

Znáš Prahu? _____

Víš, kde je v Praze dobrá restaurace? _____

Víš, kolik je hodin? _____

Co teď dělají lidi tady? _____

Víš, kolik je teď hodin v New Yorku? _____

Co teď dělají lidi v New Yorku? _____

Víš, kolik je hodin v Tokiu? _____

Co teď dělají lidi v Tokiu? _____

MLUVÍM JEN TROCHU ČESKY ▶

Juan: Ahoj, jak se máš?
Jan: Já dobře. A ty?
Juan: Já nic moc. Jsem unavený. Učím se česky, ale ještě neumím dobře.
Jan: To není pravda! Už mluvíš docela dobře!
Juan: Ale to víš, že nemluvím. Jen trochu rozumím.
Jan: A co děláme teď? Teď mluvíme nebo nemluvíme? Vidíš, že mluvíme!
       A mluvíme česky!
Juan: No jo, já vím. Ale čeština je moc těžká.
Jan: Máš pravdu! A ty jsi pašák! Protože mluvíš česky.

Kolik stojí pivo?	Pivo stojí **deset** korun.
Kolik je hodin?	Jsou **čtyři** hodiny.
Kolik máš roků/let?	Mám **dvacet jedna** roků/let.

KOLIKÁTÝ* DEN?   **KOLIKÁTÁ* KÁVA?**   **KOLIKÁTÉ* PIVO?**

(** which one in the row?*)

1. **první**	první / třetí muž	**1. + 3. + 1000.**
3. **třetí**	první / třetí žena	*– the same ending for all genders*
	první / třetí auto	*(as soft adjectives):*
		cizí, moderní, kuřecí
1000. tisící		

2. **druhý**	druhý muž	**2. – ∞**
	druhá žena	*– different endings for each gender*
	druhé auto	*(as hard adjectives):*
4. **čtvrtý**		**dobrý, hezký, drahý**
5. **pátý**		
6. šestý		
7. sedmý		
8. osmý		
9. **devátý**		
10. **desátý**		

11. jedenáctý		
12. dvanáctý	20. dvacátý	21. dvacátý první / jednadvacátý
13. třináctý	30. třicátý	22. dvacátý druhý / dvaadvacátý
14. čtrnáctý	40. čtyřicátý	23. dvacátý třetí / třiadvacátý
15. patnáctý	50. padesátý	24. dvacátý čtvrtý / čtyřiadvacátý
16. šestnáctý	60. šedesátý	25. dvacátý pátý / pětadvacátý
17. sedmnáctý	70. sedmdesátý	26. dvacátý šestý / šestadvacátý
18. osmnáctý	80. osmdesátý	27. dvacátý sedmý / sedmadvacátý
19. devatenáctý	90. devadesátý	28. dvacátý osmý / osmadvacátý
	100. **stý**	29. dvacátý devátý / devětadvacátý

■ **21. Fill in the ordinal numerals:**

1._____ láska, 8. _____ lekce, 1. _____ dům, 2. _____ ulice,

3. _____ patro, 4. _____ dveře, 7. _____ měsíc, 5. _____ týden,

10. _____ den, 6. _____ stanice , 4. _____ vagón, 1. _____ třída,

2. _____ nástupiště, Karel IV. _____ , 2. _____ světová válka,

21. _____ století

■ **22. Ask your colleague:**

Kolikátý jazyk je pro tebe čeština? _____

Kolikátý slovanský jazyk je pro tebe čeština? _____

Kolikáté jsi dítě? _____

Kolikátý den jsi v Praze? _____

Kolikátý týden se učíš česky? _____

Kolikátá stanice je Můstek? _____

Kolikáté pivo máš dnes? _____

■ **23. Use in two possible ways and write down:**

22. dvacátý druhý / dvaadvacátý

23. _____ / _____

24. _____ / _____

29. _____ / _____

31. _____ / _____

» *When asking about **the date**, we use the ordinal numerals in the genitive case –*
KOLIKÁTÉHO je dnes?
Dnes je 1. 1. (prvního první); 2. 2. (druhého druhý); 3. 3. (třetího třetí);
25. 5. (pětadvacátého pátý); 30. 8. (třicátého osmý).

KTERÝ DEN JE DNES? / CO JE DNES?

N	**PONDĚLÍ**	první den v týdnu	den **PO neděli** – after Sunday
N	**ÚTERÝ**	druhý den v týdnu	in most Slavonic languages "**úterý**" means "the second"
F	**STŘEDA**	třetí den v týdnu	den **UPROSTŘED**
M	**ČTVRTEK**	čtvrtý den v týdnu	čtvrtý den
M	**PÁTEK**	pátý den v týdnu	pátý den
F	**SOBOTA**	šestý den v týdnu	z hebr. šabbath
F	**NEDĚLE**	sedmý den v týdnu	den, kdy **NEDĚLÁME!**

PŘEDEVČÍREM	VČERA	**BYL** **BYLA** **BYLO**	M F N	DNES	JE	ZÍTRA	POZÍTŘÍ	**BUDE**
the day before yesterday	yesterday	was		today	is	tomorrow	the day after tomorrow	will be

■ 24. Fill in the correct tense of the verb *být*:

Dnes _____ středa. Včera _____ úterý. Zítra _____ čtvrtek. Pozítří _____ pátek.

Dnes _____ čtvrtek. Včera _____ středa. Předevčírem _____ úterý. Zítra _____ pátek.

Dnes _____ sobota. Včera _____ pátek. Zítra _____ neděle. Pozítří _____ pondělí.

■ 25. Fill in the appropriate adverbs:

_____ je pátek. _____ byl čtvrtek. _____ byla středa.

_____ bude sobota. _____ bude neděle.

	CO?	KDY? V + Acc.
N	PONDĚLÍ	V PONDĚLÍ
N	ÚTERÝ	V ÚTERÝ
F	STŘEDA	VE STŘED**U**
M	ČTVRTEK	VE ČTVRTEK
M	PÁTEK	V PÁTEK
F	SOBOTA	V SOBOT**U**
F	NEDĚLE	V NEDĚL**I**

KDY? + Acc.

M			F			N		
MINULÝ			MINUL**OU**			MINULÉ		
TENHLE	TÝDEN		**TU**HLE	SOBOT**U**		TOHLE	PONDĚLÍ	
PŘÍŠTÍ	PÁTEK		PŘÍŠTÍ	NEDĚL**I**		PŘÍŠTÍ	ÚTERÝ	

▲ **minulý** týden – *last* week
  první a **poslední** – *the first and **the last***

KDY?

PŘEDEVČÍREM	the day **before** yesterday
VČERA	yesterday
DNES/DNESKA	today
ZÍTRA	tomorrow
POZÍTŘÍ	the day **after** tommorow
RÁNO	in the morning
DOPOLEDNE	in the morning 9 a.m.–12 a.m.
V POLEDNE	at noon
ODPOLEDNE	in the afternoon
VEČER	in the evening
V NOCI	at night

▲ **o víkendu** – *during the weekend*
  brzo × **pozdě** – *brzo ráno × pozdě večer*

≫ *The preposition and the word following are pronounced as one word with the stress on the first syllable! Notice that we write and pronounce **ve středu, ve čtvrtek**!*

KDY MÁŠ ČAS?   ▶

Jan:	Ahoj Hano!
Hana:	Ahoj!
Jan:	Máš čas dneska večer?
Hana:	Bohužel ne.
Jan:	A zítra ráno?
Hana:	Zítra ráno taky ne. Mám školu.
Jan:	A co zítra odpoledne?
Hana:	Zítra odpoledne mám tenis.
Jan:	A zítra večer?
Hana:	Zítra večer taky nemám čas.
Jan:	A pozítří?
Hana:	Co je pozítří?
Jan:	Středa.
Hana:	Ve středu nikdy nemám čas.
Jan:	To není možné! Máš ty vůbec někdy čas?
Hana:	Tenhle týden nemám čas. Možná příští týden.
Jan:	Který den?
Hana:	Možná v pondělí, možná v úterý... Nevím.
Jan:	Ach jo. Těším se na příští týden.
Hana:	Já taky! Možná! Ahoj.
Jan:	Tak zatím ahoj.

Znáte tu situaci? Znáte tu situaci jako Jan nebo jako Hana?

▲   To není možné! – *It's impossible!* Možná! – *Maybe!*

■ **26. Respond:**

Máš čas v pondělí ráno? _____
Máš čas v úterý dopoledne? _____
Máš čas ve středu odpoledne? _____
Máš čas ve čtvrtek večer? _____
Máš čas o víkendu? _____
Kdy máš školu? _____
Kdy obědváš v restauraci? _____
Kdy máš volno? _____
Co děláš v sobotu ráno? _____
Co děláš každý den v poledne? _____
Který den máš rád/a? _____
Který den nemáš rád/a? _____

■ **27. Fill in *vím/nevím; znám/neznám; umím/neumím*:**

_____ zpívat.

_____ , jak se to řekne česky.

_____ poslední český film.

_____ , kdo byl Karel IV.

Bohužel _____ portugalsky.

Vůbec _____ , co to znamená.

_____ to české slovo.

_____ , kolik stojí kapr U Kapra.

Tu knihu _____ moc dobře.

_____ se učit.

_____ , který je dnes den.

_____ Hanu. Je moc milá.

_____ moc dobře vařit.

_____ , co to je.

■ **28. Answer the questions:**

Víš,

Jasně! Vím to!

který je dnes den?

Dnes je _____

kdy máš češtinu?

Češtinu mám _____

kdo to je?

To je _____

kde bydlím?

Bydlíš _____

kdy má Peter narozeniny?

Peter má narozeniny _____

kolik je hodin?

Je _____

kolik stojí ten slovník?

Ten slovník stojí _____

jak se jmenuje* vaše učitelka?

Naše učitelka se jmenuje _____

A já to nevím!
Jak je to možné? Jak je možně, že to nevíš?
Nevím.
To není možné!
Víš co? Možná vím, ale teď nevím. Mám okno!

Jak často máš okno?

▲   **mám okno** – *my mind goes blank*

* Jak se jmenuje vaše učitelka? – *What's the name of your teacher?*

RESTAURACE „U KAPRA"

PŘEDKRMY	STARTERS
uzený losos	smoked salmon
sýr Eidam, máslo	Eidam cheese, butter
obložený chlebíček	open-faced sandwich
šunková rolka	ham roll

POLÉVKY	SOUPS
hovězí vývar s nudlemi	bouillon with noodles
kuřecí vývar se zeleninou	chicken soup with vegetables
bramborová polévka	potato soup
houbová polévka	mushroom soup
zelná polévka	cabbage soup

DRŮBEŽ	POULTRY
pečená husa, knedlíky, zelí	roast goose, dumplings, cabbage
pečená kachna, k., červené zelí	roast duck, d., red cabbage
pečený krocan, brambory	roast turkey, potatoes
pečené kuře, bramborová kaše	roast chicken, mashed potatoes

HLAVNÍ JÍDLA	MAIN DISHES
hovězí maso na žampionech, rýže	beef with mushrooms, rice
hovězí maso, rajská omáčka, k.	beef, tomato sauce, d.
vídeňský guláš, knedlíky	Viennese goulash, d.
svíčková na smetaně, k.	sirloin in cream sauce, d.
vepřová pečeně, zelí, knedlíky	roast pork, cabbage,d.
uzené maso, bram. kaše,	smoked pork, mashed potatoes,
okurka	pickled gherkin
smažený vepřový řízek, bramborový salát	wiener schnitzel, potato salad
hovězí biftek s oblohou, hranolky	beef steak, vegetable garnish, French fries

RYBY	FISH
kapr na másle, brambory	carp fried in butter, potatoes
smažené rybí filé, hranolky	fried fish fillet, French fries
pstruh na másle, brambory	trout fried in butter, potatoes

BEZMASÁ JÍDLA

špenát s vejcem, brambory

smažený sýr, brambory, tatarská omáčka

pizza se sýrem, zeleninová pizza

VEGETARIAN MEALS

spinach, egg, potatoes

fried cheese, potatoes, tatar sauce

pizza with cheese, vegetable pizza

TĚSTOVINY

boloňské špagety

penne margherita

PASTA

spaghetti bolognese

penne, tomato puree and mozzarella

SALÁTY

míchaný salát

okurkový salát

rajčatový salát

šopský salát

SALADS

mixed vegetables salad

cucumber salad

tomato salad

mixed vegetables with feta cheese

DEZERTY, ZÁKUSKY

palačinky se šlehačkou

jahodový pohár

čokoládový dort

domácí jablečný závin, štrůdl

DESSERTS, SWEET

pancakes with whipped cream

strawberry sundae

chocolate cake

home made apple roll, strudel

NÁPOJE

Studené

pivo světlé, točené 0,3 l (= malé)

pivo tmavé, lahvové 0,5 l (= velké)

pomerančový džus

minerální voda

neperlivá voda

DRINKS

Cold

lager on tap, 0,3 l = small

dark beer, bottled, 0,5 l = large

orange juice

mineral water

still water

Teplé

černý čaj, citron

zelený čaj

capuccino

vídeňská káva

horká čokoláda

grog, citron

svařené víno

Warm

black tea, lemon

green tea

coffee with whipped cream

hot chocolate

hot toddy, lemon

mulled wine

■ **29. Order your lunch using the accusative case:**

Dám si _____

_____

_____

■ **30. Match the Czech words with their English equivalents:**

1. knedlíky	a) *cheese*
2. sýr	b) *chicken*
3. polévka	c) *rice*
4. kuřecí	d) *beef*
5. pečený	e) *roast*
6. těstoviny	f) *tea*
7. nápoje	g) *fish*
8. kuře	h) *potatoes*
9. rýže	i) *French fries*
10. hovězí	j) *drinks*
11. ryba	k) *pasta*
12. zelenina	l) *soup*
13. čaj	m) *chicken (adjective)*
14. brambory	n) *vegetables*
15. hranolky	o) *dumplings*

■ **31. Respond:**

Co máte rád(a) ?

Mám moc rád(a) _____.

Co nemáte rád(a)?

Nemám vůbec rád(a) _____.

Co má rád tvůj kamarád?

Můj kamarád _____ má rád _____.

Co nemá ráda tvoje kamarádka?

Moje kamarádka _____ nemá ráda _____.

■ **32. Find the suitable answers:**

1. Co si dáte k pití?

a) Já polévku a kamarád si dá guláš.

b) Na zdraví!

c) Pomerančový džus.

2. Co si dáte k jídlu?

a) Guláš a knedlíky.

b) To je dobrý.

c) Jednu kolu, prosím.

3. Dobrou chuť!

a) Není zač.

b) Prosím jídelní lístek.

c) Děkuju.

4. Kolik platím?

a) Dám si malé pivo.

b) Sto korun.

c) Dobrou chuť!

5. Platíte dohromady?

a) Ještě jednu vanilkovou zmrzlinu.

b) Ne, každý zvlášť.

c) Ano, je tady volno.

1. a) _____ b) _____

2. b) _____ c) _____

3. a) _____ b) _____

4. a) _____ c) _____

5. a) _____ c) _____

■ **33. What questions could you ask to get the rest of the answers? Fill in the table above.**

■ **34. After a good meal and drink you will certainly need...**

– Promiňte, kde je tady pánský záchod?

– Poslední dveře napravo.

– Děkuju.

– Prosím.

– Promiňte, hledám dámskou toaletu.

– Dámský tady není. Je nahoře.

    První dveře nalevo.

– Díky.

– Není zač.

chléb / chleba

rohlík

perlivá

neperlivá

voda

sýr

máslo

vejce

maso

zmrzlina

koláč

sušenka

dort

čokoláda

blízko (adv.)	near	milý, -á, -é	nice
bramborák (m)	potato pancake	minulý, -á, -é	last
brýle (f pl.)	glasses	možná	maybe
brzo, brzy	early; soon	nástupiště (n)	platform
cestování (n)	travelling	někdo	somebody
citát (m)	quotation	někdy	sometimes
často	often	nikdy	never
čeština (f)	Czech language	noviny (f pl.)	newspaper
číšník (m) číšnice (f)	waiter	obsazený, -á, -é	reserved; occupied
daleko	far away	odpoledne (n × adv.)	(in the) afternoon
dámský	ladies'	ovocný, -á, -é	fruit
dárek (m)	gift, present	pánský	men's
dlouho	long time	párty (f)	party
dohromady	altogether	patro (n)	floor
domácí (adj.)	home	pašák (m) (coll.)	fine fellow, nice guy
domácí úkol (m)	homework	pero (n)	pen
dopoledne (n × adv.)	(in the) morning	pes (m)	dog
dveře (f pl.)	door	pohár (m)	cup, sundae
esemeska (f)	SMS	politika (f)	politics
historie (f)	history	pomalu	slowly
hlavní (adj.)	the main, central	poslední	the last
horký, -á, -é	hot	potom	later, after that
host (m)	guest	pozdě	late
hudba (f)	music	pozornost (f)	attention
chladno (adv.)	cold	práce (f)	work, job
chléb, chleba (m)	bread	pro (prep. + Acc.)	for
jasně (adv.) (coll.)	sure, certainly	proč	why
jazyk (m)	language; tongue	protože	because
jen, jenom	only	příští	the next
ještě	still, yet; more	rychle (adv.)	fast, quickly
jídelní lístek (m)	menu	rýže (f)	rice
jo (coll.)	yeah	s, se (prep. + Instr.)	with
kalhoty (m. pl.)	trousers	slovanský, -á, -é	Slavic
kapr (m)	carp	slovo (n)	word
každý, -á, -é	every, each	slunce (n)	sun
kdy	when	smetana (f)	sour cream
klub (m)	club	soused (m), -ka (f)	neighbour
kočka (f)	cat; pretty girl	spolu	together
kolo (n)	bicycle	spropitné (n)	gratuity, tip
komplikovaný, -á, -é	complicated	stanice (f)	station, stop
kukuřice (f)	corn	stipendium (n)	scholarship
láska (f)	love	století (n)	century
lekce (f)	lesson	studium (n)	study
lidi (m)	people	svět (m)	world
maličkost (f)	trifle	světová válka (f)	world war
měsíc (m)	month; moon	syn (m)	son

teplo (n × adv.)	warm	zítra	tomorrow
těsto (n)	dough	zvlášť	separately;
těžký, -á, -é	difficult, heavy		especially
trochu	a little bit	že ano (jo)?	isn't it?
tužka (f)	pencil		
tvaroh (m)	cottage cheese	**FRÁZE:**	**PHRASES:**
tvarohový, -á, -é	cottage cheese		
týden (m)	week	mít chuť na něco	to have a fancy for s.t.
u (prep. + Gen.)	at	mít okno	to draw a blank
účet (m)	bill	mít smůlu	to have bad luck
umění (n.)	art	mít pravdu	to be right
unavený, -á, -é	tired	mít zájem o něco	to be interested
už	already		in s.t.
v, ve (prep. + Acc.)	on; at		
vagón (m)	coach, car	Dobrou chuť!	Bon appetit!
vařit (2)	to cook	Hodně štěstí!	All the best!
včera	yesterday		Good luck!
večeře (f)	dinner	Je mi zima!	I'm cold!
velmi	very much, very	Je mi teplo!	I'm warm!
venku	outside (to be)	Je mi akorát!	I'm okay!
volný, -á, -é	free	Na zdraví!	Cheers!
všechno	all, everything	Nápodobně.	The same to you.
vůbec	on the whole; ever	Pozor!	Attention!
vůbec ne	not at all		Take care!
záchod (m),	toilet	To je jedno!	I don't mind / care!
toaleta (f)			It makes no
			difference!
zatím	for the time being	To není možné!	That's impossible!
zdraví (n)	health	Všechno nejlepší!	All the best!
zelenina (f), (only sg.)	vegetables		Happy birthday!
zima (f × adv.)	winter; cold	Zatím!	See you!

V OBCHODĚ – *IN THE SHOP*   ▶

POTRAVINY

Prodavač:	Dobrý den. *Co si přejete?*
Jan:	Dobrý den. Prosím <u>dva jogurty.</u>
Prodavač:	Jaké? Máme <u>bílé</u> a <u>ovocné jogurty</u>.
Jan:	Ach, bílé a ovocné! Nevím... Jaké ovocné jogurty máte?
Prodavač:	Máme tady jahodové, ananasové, meruňkové, borůvkové...
Jan:	Tak prosím dva jahodové jogurty.
Prodavač:	Prosím. *Je to všechno?*
Jan:	Ano. Vlastně ne! **Potřebuju** taky <u>rohlíky</u>.
Prodavač:	Máme <u>čerstvé</u>! Kolik?
Jan:	*Vezmu si* <u>čtyři rohlíky</u>. *A je to všechno.*
Prodavač:	Tak prosím. Dva jogurty a čtyři rohlíky. Je to 28 korun.
Jan:	Prosím.
Prodavač:	**Děkuju**. A tady jsou <u>dvě korunky</u> *nazpátek*.

DROGERIE

Prodavačka:	Prosím! *Co to bude?*
Hanna:	*Chtěla bych* <u>dva tamty šampony na vlasy</u> a <u>tři zubní pasty</u> Colgate.
Prodavačka:	*Je to všechno?*
Hanna:	Ne, prosím ještě <u>čtyři mýdla</u> a <u>dvě tělová mléka</u>.
Prodavačka:	Prosím. *Ještě něco?*
Hanna:	<u>Jaké</u> máte <u>parfémy</u>?
Prodavačka:	Máme italské, francouzské, anglické... Jsou ale dost drahé.
Hanna:	To nevadí! <u>Francouzské parfémy</u> se mi líbí. *Vezmu si* dva. *A je to všechno.*
Prodavačka:	Tak, dva šampony, tři zubní pasty, čtyři mýdla, dvě mléka, dva parfémy..., tak to máme 2 260 korun.
Hanna:	Prosím.
Prodavačka:	Děkuju. A tady je čtyřicet, dvě stě, pět set a dva tisíce nazpátek.
Hanna:	Děkuju.

Jakou bankovku má Hanna?

▲ dva
tři   → TISÍCE   pět, šest, sedm... → TISÍC
čtyři

CO ŘÍKAJÍ?

PRODAVAČ (*SHOP ASSISTANT*):	ZÁKAZNÍK (*CUSTOMER*):
Co si přejete? / Máte přání?	Prosím…
Co to bude?	Chtěl/a bych… *I'd like…*
Přejete si něco? *Can I help you?*	Děkuju, nic. Jen se dívám.
Je to všechno? *Is that all?*	Ano, to je všechno. *Yes, that's all.*
Ještě něco? *Is there anything else?*	Ano, vezmu si ještě… *Yes, I'll also take…*
Nemáte drobné? *Do you have change?*	Ano. / Bohužel ne. *Yes. / Sorry no.*
Tady máte nazpátek. *Here's your change.*	Děkuju.
	Kolik to stojí? *How much does it cost?*

■ **1. Match the goods mentioned below with the respective shops:**

Co kupujeme v obchodě? *(What do we buy in the shop):*

1. DROGERIE

2. TRAFIKA

3. POTRAVINY

4. OVOCE A ZELENINA

5. KNIHKUPECTVÍ A PAPÍRNICTVÍ

_____ lístky na tramvaj	_____ dva malé sešity	_____ tři červené papriky
_____ dvě mýdla	_____ známky na dopis	_____ telefonní karty
_____ české knihy	_____ mapy města	_____ hezké pohlednice
_____ noviny a časopisy	_____ tři pomeranče	_____ brambory
_____ rohlíky a housky	_____ cigarety a zápalky	_____ šampony na vlasy
_____ bílé jogurty	_____ sýry	_____ dopisní papíry
_____ krémy	_____ saláty	_____ anglické slovníky
_____ tužky a pera	_____ čerstvé okurky	_____ zubní pasty

Mi + F + N	⟶		Nom. pl. = Acc. pl.		
Mi hard		banán		banány	-Y
F -A		mandarinka		mandarinky	
N -O		jablko		jablka	-A
Mi soft	To je	pomeranč	To jsou + Mám	pomeranče	
F -E/cons.		fazole		fazole	
		broskev		broskve	-E
N -E		vejce		vejce	

! den – dny, týden – týdny, lístek – lístky, dům – domy, stůl – stoly

věc (*thing*) – věci, maličkost (*trifle*) – maličkosti; cvičení – cvičení

	sg.		pl.		
M	TEN	ten	ty		
	-Ý	čerstvý	čerstvé		TY
	-Í	kvalitní banán	kvalitní banány		
F	TA	ta	ty		-É
	-Á	čerstvá	čerstvé		-Í
	-Í	kvalitní mandarinka	kvalitní mandarinky		
N	TO	to	ta		TA
	-É	čerstvé	čerstvá		-Á
	-Í	kvalitní jablko	kvalitní jablka		-Í

moje	**tvoje**	jeho, její	**naše**	**vaše**	jejich

■ **2. Complete the nouns with the following numerals and adjectives:**

V obchodě POTRAVINY, OVOCE A ZELENINA:

Prodavač: Dobrý den! Co si přejete? Je to všechno? Ještě něco?
Zákazník: Prosím... Chtěl/a bych... Vezmu si ještě...

... banán, jogurt, chléb, rohlík, džem, květák, česnek, citron, sýr   **+Y**

2 žlutý, 2 bílý a 2 ovocný, 4 čerstvý, 2 tmavý, 2 jahodový,
2 malý, 3 velký, 4 hezký, 2 francouzský   **-ý → -é**

_____

_____

_____

_____

... houska, minerálka, paprika,   **+Y**

brokolice, cibule, pomeranč, koláč   **+E**

3 malá, 2 studená, 3 zelená, 2 malá, 4 bílá, 2 velký, 3 tvarohový   **-á, -ý → -é**

_____

_____

_____

... jablko, mléko,   **+A**

vejce   **+E**

2 červené, 3 nízkotučné, 4 čerstvé   **-é → -á**

_____

_____

V PAPÍRNICTVÍ

... sešit, blok, slovník, pohled Prahy, papír

2 malý, 3 bílý, 2 anglicko-český, 2 hezký, 4 dopisní

_____

_____

... tužka, guma, mapa Prahy, učebnice češtiny, známka
... pero

2 modrá, 3 dobrá, 2 turistická, 2 dobrá, 4 desetikorunová, 2 levné

_____

_____

V DROGERII:

... krém na obličej, šampon na vlasy, pudr, parfém, papír, kapesník

2 dobrý, 3 drahý, 2 světlý, 4 francouzský, 3 toaletní, papírový (dvakrát)

_____

_____

... zubní pasta, toaletní voda, vata, taška

2 velká, 2 levná, 3 malá, 2 igelitová

_____

... mýdlo, mléko

4 luxusní, 2 tělové

_____

PRESENT TENSE – 3RD TYPE

SLOVESO **STUDOVAT**		-OVAT → -UJU				
(já)	studuju/-i	**-UJU/**-UJI	(my)	studujeme	**-UJEME**
(ty)	studuješ	**-UJEŠ**	(vy)	studujete	**-UJETE**
(on) (ona) (ono)	studuje	**-UJE**	(oni) (ony) (ona)	studujou/-í	**-UJOU/**-UJÍ

cest**ovat**	– to travel
děk**ovat**	– to thank
fung**ovat**	– to work properly, operate
gratul**ovat**	– to congratulate
kup**ovat**	– to buy (nakupovat = to shop)
lyž**ovat**	– to ski
mil**ovat**	– to love
opak**ovat**	– to repeat, to revise
pokrač**ovat**	– to continue
potřeb**ovat**	– to need
prac**ovat**	– to work
stud**ovat**	– to study
tanc**ovat**	– to dance
telefon**ovat**	– to call
jmen**ovat** se	– to have a name → **Jak se jmenuješ?** – What is your name?

DĚKUJU ZA POMOC.
– NENÍ **ZA CO**. → NENÍ **ZAČ**.

!

>> *All verbs with the infinitive ending* -ovat *are conjugated this way!*
All verbs borrowed from foreign languages and newly formed verbs
(e.g. mailovat, surfovat) *will have the infinitive ending* -ovat: **apelovat,**
diskutovat, existovat, faxovat, chatovat, komunikovat, kontrolovat,
pendlovat, plánovat, polemizovat, provokovat, reklamovat, relaxovat,
terorizovat, trénovat...

■ **3. Put the verbs into the correct form:**

Ta televize (fungovat) _____ dobře.

Pan Novák (pracovat) _____ jako mechanik.

(my – opakovat) _____ česká slovíčka.

Náš počítač (nefungovat) _____ . – (oni – opravovat) _____ náš počítač.

Juan (sportovat) _____ každý den. – (on – trénovat) _____ basket.

Co (vy – studovat) _____ ? – (já – studovat) _____ _____ .

Co (ty – potřebovat) _____ ? – (já – nepotřebovat) _____ nic.

Mám všechno, co (já – potřebovat) _____ .

Jak často (ty – kupovat) _____ zmrzlinu? – (já – nekupovat) _____ zmrzlinu.

(my – děkovat) _____ za všechno. – Nemáte za co.

(oni – lyžovat) _____ moc dobře. – (já – lyžovat) _____ špatně.

(my – opravovat) _____ chyby.

Máš rád/a špagety? – (já – milovat) _____ špagety!

(oni – kupovat) _____ nové auto a (oni – potřebovat) _____ pomoc.

My máme nové auto. – (my – gratulovat) _____ !

Máte psa? Jak (jmenovat se) ____ _____ váš pes?

Každý víkend (my – relaxovat) _____ .

■ **4. Put the verbs into the correct form and use them in sentences:**

KDO?	CO DĚLÁ?	infinitiv + typ	anglicky
já	poslouchám	poslouchat 1.	to listen
	snídáme		
	bydlí		
	potřebuju		
	spím		
	děkujeme		
	mají		
	prodávám		
	rozumíte		
	opakujeme		
	znáš		
	myslí		
	dívám se		
	kupujou		
	obědváme		
	mluví		

Pan Krátký:	Co děláte v Praze, pane Short? Pracujete, nebo studujete?
Pan Short:	Pracuju v Praze. A taky studuju.
Pan Krátký:	Pracujete i studujete! To není možné! Gratuluju! Kde děláte? Co studujete?
Pan Short:	Pracuju jako učitel. Učím anglický jazyk. A učím se česky.
Pan Krátký:	Mluvíte dobře česky. To je moc milé!
Pan Short:	O, děkuju. Chtěl bych mluvit dobře česky.

*	Jan:	Ahoj! Ty tady pracuješ, nebo studuješ?
	Juan:	Ne, nepracuju. Jen studuju.
	Jan:	Co studuješ?
	Juan:	Studuju historii. A ty?
	Jan:	Já studuju španělštinu.
	Juan:	Já jsem Španěl. Ale bohužel v Praze mluvím jen česky.
	Jan:	Ty máš štěstí, já mám smůlu!

Pan Short pracuje v Praze. V Praze má pan Short moc práce.
Juan v Praze nepracuje. Juan v Praze jen studuje.

*	Peter:	Mluvíš česky?
	Diego:	Mluvím trochu česky. A ty?
	Peter:	Taky mluvím trochu česky. Učím se česky.
	Diego:	Můj kamarád nemluví vůbec, jen trochu rozumí.
	Peter:	Proč se tvůj kamarád neučí česky?
	Diego:	Učí se, ale je líný, a proto neumí česky.
	Peter:	A co studuješ?
	Diego:	Studuju dějiny umění. A ty?
	Peter:	Já studuju pedagogiku.

Nový lektor:	Promiňte, paní Černá. Nevíte, jak se jmenuje tamten pán?
Paní Černá:	Který?
Nový lektor:	Tamten vysoký pán vzadu.
Paní Černá:	Aha. To je John Black, náš anglický lektor.
Nový lektor:	A jak se jmenuje ten tlustý pán vedle?
Paní Černá:	Ten pán se jmenuje Jan Černý. A je to můj manžel.
Nový lektor:	Ach promiňte! Váš manžel!!!
Paní Černá:	Nic se nestalo.
Nový lektor:	Vy se jmenujete jako on.
Paní Černá:	Máte pravdu! Já se jmenuju jako on.

= informal

» český jazyk = čeština   S → Š
španělský jazyk = španělština
anglický jazyk = angličtina   C → Č
německý jazyk = němčina

JAK?   **mluvím** (+ rozumím, učím se, umím)   →   **česky!**
CO?   **studuju** (jsem student), **učím** (jsem učitel)   →   **češtinu!**

■ 5. Co studuješ?

čeština, portugalština, angličtina, literatura, hudba, pedagogika, politologie, sociologie, psychologie, historie, biologie, ekonomie, filozofie

CO = Acc.

Studuju: češtinu, portugalštinu, angličtinu, literaturu, hudbu, pedagogiku politologii, sociologii, psychologii, historii, biologii, ekonomii, filozofii

Co studuješ?   _____

Co studuje tvůj kamarád?   _____

Co studuje tvoje kamarádka?   _____

■ 6. Pracovat jako (+ profese):

učitel, učitelka, lékař, lékařka, prodavač, prodavačka, úředník, úřednice, ředitel, ředitelka, zubař, zubařka, programátor, programátorka, právník, právnička, politik, politička, novinář, novinářka, byznysmen, byznysmenka...

Co dělá tvůj soused? Můj soused pracuje jako   _____

Co dělá tvoje sousedka? Moje sousedka pracuje jako   _____

Co dělá jeho matka? Jeho matka pracuje jako   _____

Co dělá její otec? Její otec pracuje jako   _____

Pracuje tvůj kamarád?   _____

Pracuje tvoje kamarádka?   _____

Pracuje tvůj dědeček?   _____

Proč nepracuje?   _____

Pracuje tvoje babička?   _____

Proč nepracuje?   _____

NĚKOLIK DAT Z ČESKÉ HISTORIE A KULTURY
A FEW DATES FROM THE CZECH HISTORY...

4

■ **7. Write the years in Czech:**

In 880 _____ the Prague Castle (Pražský hrad) was founded.

In 1234 _____ the Old Town (Staré Město) was founded,
followed by the Lesser Town (Malá Strana) in 1257 _____ .

Charles IV (Karel IV.) reigned from 1346–1378 _____ _____ .

In 1348 _____ Charles IV founded Charles University (Karlova
univerzita), the oldest university in Central Europe.

In 1355 _____ Charles IV became the Roman Emperor and
Prague the capital of the Holy Roman Empire.

In 1357 _____ the Charles' Bridge (Karlův most) was built.

In 1415 _____ Jan Hus, the rector of Charles University,
a Czech reformist preacher and reformer of Czech orthography, was burned at the
stake in Constance. In the years 1526–1918 _____ _____
the Habsburgs ruled over the Bohemian kingdom.

In 1658 _____ Jan Ámos Komenský, "the teacher of nations",
a great educator and pedagogue of renown, published Orbis Pictus, one of the first
illustrated books for children. In 1836 _____ Karel Hynek Mácha,
a Czech romantic poet, published his lyrical epic May (Máj).

In 1878 _____ Jan Neruda published his story collection
Tales of the Lesser Town (Malostranské povídky).

In 1883 _____ the National Theatre (Národní divadlo) was
established, and Franz Kafka and Jaroslav Hašek were born.

In 1890 _____ the National Museum (Národní museum) was
established. The first Czechoslovak president, T. G. Masaryk held office in the years
1918–1935 _____ _____ .
The communist era in former Czechoslovakia lasted from 1948 to 1989

_____ _____ .

In 1959 _____ Jaroslav Heyrovský was awarded the Nobel Prize for
chemistry and the invention and development of polarography.

In 1984 _____ Jaroslav Seifert was awarded the Nobel Prize for
literature. In 1989 _____ the Velvet Revolution (Sametová revoluce)
took place in Prague, marking the end of the communist era.

In 1993 _____ Václav Havel became the first Czech president.

In 2004 _____ the Czech Republic became a member of the
European Union.

ZNÁTE PRAHU? VÍTE, KDE JE ...?

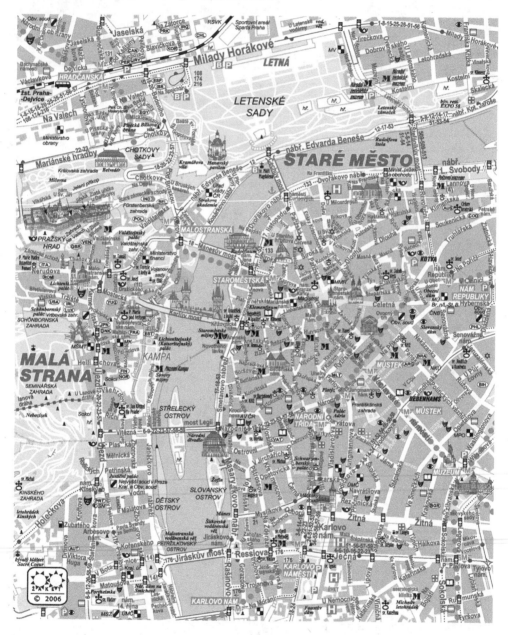

V Praze je... + nominativ	Vím / Nevím, kde je...	Znám / Neznám... + akuzativ
Staré Město		
Židovský hřbitov		
Staroměstské náměstí		
Národní divadlo		
obchodní dům Tesco		
Havelský trh		
Hlavní nádraží		
Pražský hrad		
Pražský orloj		
Dům umělců (Rudolfinum)		
Strahovský klášter		
Strahovský stadion		
Anežský klášter		
Týnský chrám		
Václavské náměstí		
Veletržní palác		
Státní opera		
Národní třída		
Petřínská rozhledna		
Hladová zeď		
Národní knihovna		
Filozofická fakulta		
Malá Strana		
Prašná brána		
Zlatá ulička		
Staronová synagoga		
zoologická zahrada		
botanická zahrada		
Betlémská kaple		
Národní galerie		
Celetná ulice		
Staroměstská radnice		

Líbí se vám Praha?
Máte rádi Prahu?
Co se vám líbí v Praze? Co se vám nelíbí v Praze?
Co máte rádi v Praze? Co nemáte rádi v Praze?

■ 8. Respond:

Líbí se vám Staroměstské náměstí?
Líbí se vám Karlův most?
Líbí se vám pražské ulice?
Líbí se vám pražské domy?
Líbí se vám pražské mosty?
Líbí se vám pražské tramvaje?
Líbí se vám pražské metro?
Líbí se vám pražská kina?
Líbí se vám pražské restaurace?
Líbí se vám pražské hospody a bary?
Líbí se vám pražské obchody?
Líbí se vám čeština?

■ 9. Choose from the list above and say what you really like. If you don't know you can say: *Nevím, ještě neznám...* (I don't know, I'm still not acquainted with...)

Mám rád/a _____

Nevím, ještě neznám _____

■ 10. Match the answers with the questions:

Proč se ti líbí Karlův most?   Protože jsou zajímavé.

Proč se ti líbí pražské ulice?   Protože je rychlé.

Proč se ti líbí pražské hospody a bary?   Protože jsou levné.

Proč se ti líbí pražské metro?   Protože nejsou drahé.

Proč se ti líbí pražské restaurace?   Protože jsou elegantní.

Proč se ti líbí pražské obchody?   Protože jsou moderní.

Proč se ti líbí čeština?   Protože je starý a krásný.

Proč se ti líbí pražské mosty?   Protože je těžká.

>> *The phrase* **mít rád/a** *is used only* **with the accusative:**
Mám rád/a cizí jazyky. Má rád/a sport.
If you want to say "I like to do something", you don't use the verb "mít". Instead, use just **"rád/a"** *or* **"nerad/a"** *with the verb in the appropriate person and tense:*
Rád/a studuju cizí jazyky. Rád/a sportuje.

MÍT RÁD/A + accusative		RÁD/A + verb	
Mám rád/a Nemám rád/a			jím (zeleninu)
Máš rád/a Nemáš rád/a		Rád/a Nerad/a	jíš (zeleninu)
Má rád/a Nemá rád/a	zeleninu		jí (zeleninu)
Máme rádi/y Nemáme rádi/y			jíme (zeleninu)
Máte rádi/y Nemáte rádi/y		Rádi/y Neradi/y	jíte (zeleninu)
Mají rádi/y Nemají rádi/y			jedí (zeleninu)

■ **11. Put the verbs into the correct form:**

Mají rádi sport	→ (sportovat)	– Rádi	_____
Mám rád tanec	→ (tancovat)	– Rád	_____
Nemáme rádi nákupy	→ (nakupovat)	– Neradi	_____
Nemají rádi práci	→ (pracovat)	– Neradi	_____
Máš rád studium	→ (studovat)	– Rád	_____
Má ráda cestování	→ (cestovat)	– Ráda	_____
Mám ráda fotografování	→ (fotografovat)	– Ráda	_____

▲　Mám radost, že...! / Jsem rád/a, že...! → *I'm glad that...*

■ **12. Use the verbs in brackets and say what you like or don't like to do:**

Co rád/a × nerad/a děláš?

(studovat, pracovat, poslouchat klasickou hudbu, tancovat, uklízet, mluvit česky, dívat se na televizi, spát dlouho, vařit, jíst, cestovat, řídit auto, lyžovat, vstávat brzo ráno, relaxovat)

Rád/a × Nerad/a _____

_____

_____

_____

_____

■ **13. Match the questions with the answers:** ▶

1. Proč studuješ češtinu?	a) Protože nerad/a lyžuju.
2. Proč tancuješ?	b) Protože nemám rád/a klasickou hudbu.
3. Proč nebydlíš v hotelu?	c) Protože nemám rád/a ty kamarády.
4. Proč neposloucháš Mozarta?	d) Protože neumím španělsky.
5. Proč hodně cestuješ?	e) Protože jsem vegeterián/ka.
6. Proč v sobotu spíš dlouho?	f) Protože jsem unavený/á (a trochu líný/á).
7. Proč v pondělí spíš dlouho?	g) Protože nejsem alkoholik/alkoholička.
8. Proč neumíš dobře lyžovat?	h) Protože rád/a cestuju.
9. Proč se nedíváš na ten film?	i) Protože rád/a spím dlouho.
10. Proč nemyslíš na ty kamarády?	j) Protože se mi Praha líbí.
11. Proč nemluvíš španělsky?	k) Protože je to moc drahé.
12. Proč nejíš maso?	l) Protože rád/a nakupuju.
13. Proč nemáš rád/a pivo?	m) Protože rád/a tancuju.
14. Proč studuješ v Praze?	n) Protože rád/a mluvím česky.
15. Proč nemáš peníze?	o) Protože se nerad/a dívám na televizi.

VŽDY(CKY) / POŘÁD	*always / all the time*
SKORO VŽDY(CKY)	*almost always*
OBVYKLE	*usually*
VELMI ČASTO	*very often*
ČASTO	*often*
NĚKDY	*sometimes*
ČAS OD ČASU / OBČAS	*from time to time*
MÁLOKDY / ZŘÍDKA	*rarely*
SKORO NIKDY	*almost never*
NIKDY	*never*

■ **14. Respond:**

Co vždycky děláš ráno? _____

Co skoro vždycky děláš ráno? _____

Co obvykle děláš ráno? _____

Co nikdy neděláš ráno? _____

Co často děláš večer? _____

Co někdy děláš večer? _____

Co málokdy děláš večer? _____

Co nikdy neděláš večer? _____

Kdy obvykle vstáváš? _____

Kdy obvykle snídáš? _____

Kdy obvykle obědváš? _____

Kdy obvykle večeříš? _____

Co obvykle snídáš? _____

Co obvykle obědváš? _____

Co obvykle večeříš? _____

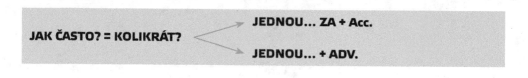

JAK ČASTO? = KOLIKRÁT?
→ **JEDNOU... ZA + Acc.**
→ **JEDNOU... + ADV.**

Jednou			den, týden, měsíc, rok
Dvakrát, třikrát		**ZA +**	**minutu, hodinu**
Čtyřikrát, pětkrát...			
Párkrát / několikrát			denně, týdně, měsíčně, ročně

JAK ČASTO? – každý... + Acc.

M	F	N
každý den	každou minutu	každé pondělí
každý týden	každou hodinu	každé úterý
každý měsíc	každou středu	každé ráno
každý čtvrtek	každou sobotu	
každý pátek	každou neděli	

■ **15. Respond:**

Jak často snídáš v restauraci? _____

Jak často obědváš v restauraci? _____

Jak často večeříš v restauraci? _____

Jak často se díváš na televizi? _____

Jak často mluvíš česky? _____

Jak často studuješ češtinu? _____

Jak často potřebuješ slovník? _____

Jak často otevíráš poštu (mail)? _____

Jak často máš hlad? _____

Jak často máš žízeň? _____

Jak často máš štěstí? _____

Jak často máš smůlu? _____

Jak dlouho jste v Praze?
Jeden den – dva **dny**
Jeden týden – dva **týdny**
Jeden měsíc – dva měsí**ce**

Jak dlouho budete v Praze?

FUTURE TENSE OF THE VERB TO BE

(já)	bud**u**	**-U**	(my)	bud**eme**	**-EME**
(ty)	bud**eš**	**-EŠ**	(vy)	bud**ete**	**-ETE**
(on) (ona) (ono) / to	bud**e**	**-E**	(oni) (ony) (ona)	bud**ou**	**-OU**

■ **16. Fill in the correct forms of the verb *být* in the future tense according to the nouns or personal pronouns in brackets:**

V Praze (já) _____ jeden měsíc. Můj kamarád _____ v Praze dva měsíce.

Nevíš, jak dlouho (oni) _____ v Praze? – (oni) _____ v Praze čtyři měsíce.

V České republice (my) _____ dva semestry.

Jeden semestr (my) _____ v Praze a druhý semestr v Brně.

Jak dlouho (vy) _____ v Praze? – Bohužel (my) _____ jen dva týdny.

(vy) _____ tady příští rok? – Ne, příští rok bohužel už tady (my) ne _____ .

To je škoda, že příští rok tady (vy) ne_____ , my tady ještě _____ .

(ty) _____ tady zítra? – Zítra tady (já) ne_____ , zítra mám volno.

Kdy _____ oběd? – Oběd _____ za chvíli.

Kdy _____ přestávka? – Přestávka _____ za 20 minut.

Ach, to je za dlouho! – To je život!

COMPOUND FUTURE TENSE: BUDU… + INFINITIVE

(já)	budu nebudu	(my)	budeme nebudeme		
(ty)	budeš nebudeš	(vy)	budete nebudete	**+**	**PRACOVAT**
(on) (ona) (ono) / to	bude nebude	(oni) (ony) (ona)	budou nebudou		

■ **17. Fill in the correct forms of the verb *být* in the future tense according to the personal pronouns in brackets:**

a) Příští rok (já) _____ studovat v Americe. Kde _____ studovat ty?

– Já příští rok už bohužel ne _____ studovat, příští rok _____ pracovat.

b) Co (ty) _____ dělat dnes večer? – Nevím, co (já) _____ dělat.

(ty) _____ se dívat na ten film?

(já) Ne _____ se dívat na ten film. Ten film se mi nelíbí.

c) Večer (my) _____ tancovat. – A my se _____ učit.

To není moc hezký program! – To je život! Zítra (my) _____ mít zkoušku.

Hodně štěstí! – Díky!

d) Ty nebydlíš na koleji? – Bydlím, ale hledám byt.

Kde _____ bydlet? – Ještě nevím, kde _____ bydlet.

e) (vy) _____ potřebovat slovník? – Ano, _____ .

Já taky! Co (my) _____ dělat?

(my) _____ pracovat spolu. Budeme spolupracovat.

f) (on) _____ mít čas ve čtvrtek večer? – Nevím, snad _____ .

(oni) _____ čekat na nádraží? – Doufám, že _____ .

(oni) _____ to umět? – Myslím, že _____ .

Kdy (vy) _____ zítra vstávat? – Bohužel jako vždy v 7 hodin.

(my) _____ pokračovat příště.

■ 18. Match the sentences:

1. Kolik to stojí?	a) Protože se mi čeština líbí.
2. Kolik je hodin?	b) Ano, to je všechno.
3. Co si přejete?	c) Nic se nestalo!
4. Ještě něco?	d) Dva týdny.
5. Děkuju.	e) Ne, kolej se mi nelíbí.
6. Co to bude?	f) Teď každý den, a potom dvakrát za týden.
7. Jak dlouho jsi v Praze?	g) Ano! A hlavně čokoládovou!
8. Jak dlouho budeš v Praze?	h) Ne, je to všechno.
9. Proč se učíš česky?	i) Rock a džez.
10. Pardon, promiňte!	j) Dvě plzeňská piva a jednu minerálku.
11. Je to všechno?	k) Za málo.
12. Jak často máš češtinu?	l) Za pět minut pět.
13. Jíš rád/a zmrzlinu?	m) Černou, silnou, hořkou.
14. Máš rád/a zmrzlinu?	n) Ne, vůbec nejím zmrzlinu!
15. Jakou hudbu máš rád/a?	o) Sto dvacet korun.
16. Jakou kávu máš rád/a?	p) Děkuju nic, jen se dívám.
17. Bydlíš rád na koleji?	q) Jeden semestr, možná dva.
18. Jaký čaj máš rád/a?	r) Sladký a horký!

▲ Promiňte! – **To nevadí!** × Dáš si kávu, nebo čaj? – **To je jedno!**

▲ **jeden, dva… × jednou, dvakrát…; prosím… × prosím vás…**

Prosím, co si dáte?   – Jeden džus, **prosím!**
                        – Jednu kávu, **prosím!**
                        – Jedno pivo, **prosím!**

Dvě kávy a **jednu kolu**, prosím!
Dvakrát kávu a **jednou kolu**, prosím!

Prosím **tři kávy** a **dvě koly!**
Třikrát kávu a **dvakrát kolu**, prosím!

Prosím **čtyři džusy** a **tři piva!**
Čtyřikrát džus a **třikrát pivo**, prosím!

Prosím vás, kolik je hodin?
Prosím vás, kde je tady pošta?
Prosím vás, kde je stanice metra?
Prosím vás, kolik stojí pivo?

■ **19. Make the questions to the underlined words:**

Juan je <u>španělský student</u>. _____

Je <u>z Madridu</u>. _____

Teď bydlí <u>v Praze</u>. _____

Studuje <u>filozofii a historii</u>. _____

Má rád <u>pivo</u>. _____

Má rád <u>české</u> pivo. _____

Taky má rád <u>Hannu</u>. _____

Často <u>na Hannu</u> myslí. _____

Rád poslouchá <u>džez</u>. _____

Zajímá se <u>o sport</u>. _____

Učí se <u>česky</u>. _____

Mluví <u>dobře</u> anglicky. _____

Češtinu má <u>dvakrát týdně</u>. _____

Češtinu má <u>v pondělí a ve čtvrtek</u>. _____

Myslí si, že je čeština <u>těžká</u>. _____

Bude v Praze ještě <u>jeden semestr</u>. _____

■ **20. Separate the words and the sentences:**

HANNAJEMOJEKAMARÁDKAJETOMOCFAJNHOLKAVÍMŽEJEZFINSKAALENEVÍ
MODKUDPŘESNĚJENEMÁRÁDAPIVOALEMILUJEVÍNOTAKYRÁDACESTUJEALE
TEĎNEMÁPENÍZEUMÍVÝBORNĚVAŘITTOJEDOBŘEPROTOŽEJUANMOCRÁDJÍ

■ **21. Make the questions to the text:**

_____   _____

_____   _____

■ **22. Write something about yourself:**

_____

_____

_____

_____

JMÉNO A PŘÍJMENÍ *first name and family name*

Jan NOVÁK

ADRESA *address*

ULICE *street*

MĚSTO *city*

PSČ *post code*

Hřbitovní 7

Praha 7

170 00

STÁTNÍ PŘÍSLUŠNOST *nationality*

Česká republika (ČR)

DATUM A MÍSTO NAROZENÍ *date and place of birth*

31. 3. 1982, Kolín

MÍSTO STUDIA *place of study*

Filozofická fakulta UK

OBOR *field of study, department*

angličtina

RAZÍTKO *stamp*

PODPIS ŽADATELE *signature of applicant*

ředkvičky

fazole

cibule

česnek

květák

brambor – brambory

lilek

paprika

okurka

rajče – rajčata

mrkev

zelí

salát

ananasový, -á, -é	pineapple		politik (m), politička (f)	politician
babička (f)	grandmother		pomoc (f)	help
bankovka (f)	bank-note		potravina (f)	food (stuff)
blok (m)	notepad		potraviny (f. pl.)	grocery
borůvkový, -á, -é	blueberry		právník (m),	lawyer
broskev (f)	peach		právnička (f)	
čerstvý, -á, -é	fresh		pražský, -á, -é	Prague
dědeček (m)	grandfather		proto	therefore
dějiny (f pl.)	history		přát si (4): přeju si	to wish, want
dopis (m)	letter		přesně (adv.)	exactly
dopisní papír	note paper		přestávka (f)	break
dost	enough, quite		příště (adv.)	the next time
drogerie (f)	drugstore		ředitel (m), -ka (f)	manager, director
dvakrát	twice		řídit (2)	to drive
guma (f)	rubber		sladký, -á, -é	sweet
hlavně	especially, primarily		snad (adv.)	perhaps (I hope)
hodně	a lot of, very much		spolupracovat (3)	co-operate
hořký, -á, -é	bitter		šampon (m)	shampoo
hospoda (f)	pub		tanec (m)	dance
chvíle (f)	moment, while		tělové mléko (n)	body lotion
chyba (f)	mistake		tlustý, -á, -é	fat
igelitový, -á, -é	plastic		toaletní (adj.)	toilet
jednou	once		trénovat (3)	to train, practise
jogurt (m)	yoghurt		učebnice (f)	textbook
kapesník (m)	handkerchief		uklízet (2)	to clean, tidy
krém m)	cream		úředník (m),	clerk, office worker
lékař (m), -ka (f)	doctor		úřednice (f)	
líný, -á, -é	lazy		vata (f)	cotton wool
málo (adv.)	little, few		vlastně	as a matter of fact
manžel (m), -ka (f)	husband, wife		vlasy (m. pl.)	hair
matka (f)	mother		vzít si (4): vezmu si	to take: I'll take
meruňka (f)	apricot		za (prep. + Acc.)	in, after
mýdlo (n)	soap		zahrada (f)	garden
nákup (m)	shopping		zápalka (f)	match
nazpátek	back; give change		zkouška (f)	exam
nízkotučný, -á, -é	low-fat, light		známka (f)	stamp, mark
novinář (m), -ka (f)	journalist		zubař (m), -ka (f)	dentist
obálka (f)	envelope		zubní pasta (f)	toothpaste
obličej (m)	face			
opravovat (3)	to correct; to repair		**FRÁZE:**	**PHRASES:**
otec (m)	father		za chvíli	in a while
papírnictví (n)	stationer's			
papírový, -á, -é	paper		Nic se nestalo.	It's okay.= (nothing
párkrát, několikrát	a fewtimes			happened)
pohled (m)	view; postcard		To nevadí.	It doesn't matter.
pohlednice (f)	postcard			

NA NÁDRAŽÍ – *AT THE RAILWAY STATION*

Juan a Hanna jsou v Praze už dva týdny. Prahu už znají dobře, ale ještě neznají dobře Českou republiku. Proto **jedou** na výlet. O víkendu mají čas. Už mají plán: první víkend navštíví český hrad Karlštejn a zámek Konopiště a druhý víkend česká města Tábor a Český Krumlov.

Zítra je sobota. V sobotu **jedou** na Karlštejn. **Jedou** vlakem. Teď jsou na nádraží.

Juan:	Ještě nemáme lístky.
Hanna:	Tady je automat na lístky. Tam jsou pokladny.
Juan:	Ne, automat ne! Nemám rád automaty! **Jdeme** k pokladně.
Pokladní:	Prosím, co si přejete?
Juan:	Prosím dva lístky do stanice Karlštejn.
Pokladní:	Dva zpáteční lístky?
Juan:	Promiňte, nevím, co to znamená.
Pokladní:	Praha – Karlštejn, Karlštejn – Praha, jedete tam a zpátky.
Juan:	Aha, zpátky… Ano, prosím dva zpáteční lístky.
Pokladní:	Studentské?
Juan:	Ano, máme studentské průkazy.
Pokladní:	V pořádku. Prosím! 60 korun.
Juan:	Prosím.
Pokladní:	Děkuju. Další prosím.
Juan:	Promiňte ještě. Kdy **jede** vlak?
Pokladní:	Na Karlštejn **jede** v 9 hodin 38 minut, zpátky do Prahy v 16.00, 17.05, 18.09 a 19.10.
Juan:	Jééé, teď už je 9.36. Tak rychle. Které nástupiště, prosím?
Pokladní:	První. Šťastnou cestu!
Juan:	Díky!

▲ **další** × **příští** *(the next × next)*
Další, prosím!
Kdo je další?
minulý týden × příští týden

■ **1. Respond:**

Jak dlouho jsou Juan a Hanna v Praze? _____

Znají už Prahu dobře? _____

Znají taky Českou republiku dobře? _____

Proč jedou na výlet? _____

Kdy mají čas? _____

Jaký mají plán? _____

Kam jedou první víkend? _____

Kam jedou druhý víkend? _____

Jak jedou na Karlštejn? _____

Mají už lístky? _____

Proč Juan nemá rád automaty? _____

Kupujou zpáteční lístky? _____

Mají slevu? Proč? _____

Kdy jede vlak na Karlštejn? _____

Kdy jedou vlaky do Prahy? _____

Plánujete taky cesty? Kam?

_____

_____

Která česká města znáte?

_____

_____

Znáte nějaký český hrad?

_____

_____

Kam jedete o víkendu?

_____

_____

PRESENT TENSE – IRREGULAR VERBS

SLOVESO **JET**					
(já)	jedu	**-U**	(my)	jedeme	**-EME**
(ty)	jedeš	**-EŠ**	(vy)	jedete	**-ETE**
(on) (ona) (ono)	jede	**-E**	(oni) (ony) (ona)	jedou	**-OU**

» *The verbs of this group have **various infinitive endings! Consonant changes** are also typical for this group, e.g. psát – píšu, pít – piju...*
*The endings are the same as in the future tense of the verb **být**!*

jet	– to go by vehicle		
jít	– to go on foot		
číst	– to read		
hrát	– to play	→	Hraju fotbal.
mýt se	– to wash oneself		
pít	– to drink		
psát	– to write		
žít	– to live		
hrát na	– to play (instrument)	→	Hraju na piano.

■ 2. Fill in the correct forms of the verbs:

infinitiv	JÍT	ČÍST	PSÁT	MÝT SE	PÍT	ŽÍT
já			píšu			
ty		čteš				
on, ona	jde					
my				myjeme se		
vy						žijete
oni					pijou	

JET jedu autem   jedu lodí   jedu na lyžích   jedu na kole

Kam jedeš? – Jedu do Francie.
Jak / Čím jedeš do Francie? – Jedu autem.

~~budu jet~~ → pojedu

JÍT jdu pěšky

Kam jdeš dnes večer? – Jdu na koncert.
Kam jdeš na koncert? – Jdu do klubu.

~~budu jít~~ → půjdu

■ **3. Complete with the verb *jít* or *jet*:**

_____ autem	_____ do hospody	_____ na výlet
_____ do parku	_____ na koncert	_____ na pivo
_____ do galerie	_____ do kina	_____ do Berlína
_____ metrem	_____ na nádraží	_____ na hory
_____ do Ameriky	_____ tramvají	_____ na záchod
_____ na kole	_____ na oběd	_____ do práce
_____ do školy	_____ vlakem	_____ do restaurace

■ **4. Put the infinitives in brackets into the correct forms:**

(my – jít) _____ na metro a potom (my – jet) _____ na Václavské náměstí.

(vy – jít) _____ dnes večer do kina? – Ano, večer (my – jít) _____ do kina.

Zítra (já – jít) _____ na diskotéku. – Já bohužel (nejít) _____ , (já jet) _____ na hory.

Kdy (jet) _____ vlak na Karlštejn? – Vlak na Karlštejn (jet) _____ za chvíli.

Kdy (ty – jít) _____ na koncert? – Dnes večer (já – jít) _____ na koncert.

(oni – jet) _____ do Ameriky. My budeme doma, (nejet) _____ nikam.

Která tramvaj (jet) _____ na Žižkov? – Na Žižkov (jet) _____ tramvaj č. 9.

(vy – jít) _____ do práce pěšky, nebo (vy – jet) _____ autem?

KAM JDEŠ × JEDEŠ? – JDU × JEDU:

*Preposition **DO** + genitive case is used with:*

	M	F	N
1) *continents* kontinenty		do Ameriky do Evropy do Afriky do Austrálie, Asie	
2) *countries* země	do Vietnamu do Iráku do Íránu	do Kanady do České republiky do Francie	do Polska do Německa
BUT !!!		na Ukrajinu! na Moravu!	na Slovensko!
3) *towns* města	do Bruselu do New Yorku do Berlína	do Prahy do Vídně do Budapešti	do Brna do Osla
4) *inside space* uzavřený prostor	do baru do obchodu do hotelu	do banky do školy do restaurace	do kina do divadla do muzea

*Preposition **NA** + accusative case is used with:*

	M	F	N
1) *events* události *purpose* účel	na oběd na koncert na fotbal na hokej	na kávu na cestu na výstavu na večeři	na pivo na víno
2) *islands* ostrovy	na Island	na Krétu na Kubu	na Borneo
3) *institutions* instituce	na úřad	na fakultu na univerzitu na ambasádu na policii	na ministerstvo
4) *open space* otevřený prostor	na stadion	na stanici na ulici	na letiště na nádraží na náměstí
BUT !!!	do parku! do ZOO! na hrad	na poštu! na kolej! na diskotéku!	do centra!
5) *planets* planety	na Měsíc na Mars		

KAM jdete/jedete?	KAM?	PROČ?
Jedu	DO Belgie	NA víkend
	DO Bruselu	NA kurz
Jdu	DO restaurace	NA oběd
	DO galerie	NA výstavu
	DO hospody	NA pivo
	DO vinárny	NA víno
	DO kavárny	NA kávu
	DO školy	NA lekci
	DO cukrárny	NA dort
	DO Teska	NA nákup
	DO parku	NA procházku
	DO klubu	NA koncert
	DO banky	PRO peníze
Jdu	NA stadion	NA fotbal
	NA diskotéku	tancovat
	NA kolej	
	NA ministerstvo	
	NA ambasádu	PRO vízum
	NA policii	PRO povolení k pobytu

! Jdu **K**	K doktorovi	NA injekci
+ *(dative case)*	KE kamarádovi	NA návštěvu

ČÍM jedete? (*čím + instrumental case*)

Jedu	(M + N)	(F)		
	vlak**em**	tramvají	!	na kol**e**
	taxík**em**	lodí		na motorc**e**
	autobus**em**			
	metr**em**			
	aut**em**			
	stop**em**			
	letadl**em** / letím			

KAM? – KDE?
WHERE TO? – WHERE?

?

KAM jdeš? →	PROČ jdeš?	KDE jsi?	
DO + Gen. × **NA** + Acc.	**NA** + Acc.	**V** + Loc. × **NA** + Loc.	**NA** + Loc.
do Prahy	na výlet	v Praze	na výletě
do kavárny	na kávu	v kavárně	na kávě
do restaurace	na oběd	v restauraci	na obědě
do galerie	na výstavu	v galerii	na výstavě
do školy	na lekci	ve škole	na lekci
do parku	na rande	v parku	na rande
na fakultu	na přednášku	na fakultě	na přednášce

■ **5. Match:**

Jedu do Itálie	na nádraží.
Jedu autem	do prvního patra.
Jedu stopem	do Berlína.
Jedu autobusem	do školy.
Jedu výtahem	na kolej.
Jedu vlakem	do Brna.
Jedu metrem	domů.
Jedu na kole	na Karlštejn.
Jedu taxíkem	na prázdniny.
Jedu tramvají	na Vinohrady.

Jdu do školy	na fotbal.
Jdu do hospody	na nákup.
Jdu do Státní opery	na procházku.
Jdu do divadla	pro povolení k pobytu.
Jdu do obchodu	na oběd.
Jdu do parku	na operu Carmen.
Jdu na policii	na hru Hamlet.
Jdu na ambasádu	na pivo.
Jdu do restaurace	pro vízum.
Jdu na stadion	na lekci.

■ **6. Complete with the verb *jít* or *jet* in the correct forms:**

(my) _____ na oběd do restaurace.

(vy) _____ večer na diskotéku?

Kam _____ tramvaj číslo 17?

Kdy (ty) _____ na fakultu?

(oni) _____ na koncert do Rudolfina.

Hanna a Juan _____ v sobotu na Karlštejn.

Příští týden (my) _____. do Tábora.

(ty) _____ taky do Tábora?

Ne, (já) _____ do Tábora, (já) _____ na hory.

Které metro _____ na hlavní nádraží?

■ **7. Put the verbs into the correct form:**

(já – číst) _____ anglickou knihu.

Co (ty – číst) _____ ? (vy – číst) _____ někdy české noviny?

(my – číst) _____ jen titulky. (já – psát) _____ domácí úkol.

(vy – psát) _____ esemesky? (my – psát) _____ esemesky každý den.

Co (ty – pít) _____ ráno?

Já (pít) _____ ráno kávu a můj kamarád (pít) _____ čaj.

Nikdy (oni – nepít) _____ mléko, (oni – pít) _____ jen pivo.

(vy – hrát) _____ tenis?

Ne, (my – nehrát) _____ tenis, ale (my – hrát) _____ fotbal.

Co (oni – hrát) _____ dnes večer v kině Aero?

Hanna (mýt se) ____ _____ ráno studenou vodou.

Juan (nemýt se) ____ nikdy _____ studenou vodou.

A ty? (Mýt se) _____ ____ někdy studenou vodou?

Teď (my – žít) _____ v České republice.

Kde (žít) _____ vaši rodiče? *(parents)*

Moji rodiče (žít) _____ v _____ .

(Žít) _____ ještě vaši prarodiče? *(grandparents)*

Ano, moji prarodiče ještě (žít) _____ . Ne, moji prarodiče už (nežít) _____ .

■ 8. Complete the table and use the verbs in sentences:

KDO?	CO DĚLÁ?	infinitiv + typ		anglicky
ty	jdeš	jít	4.	to go on foot
	hrajeme			
	voláte			
	funguje			
	čtou			
	učím se			
	víte			
	hledám			
	cestujeme			
	večeříte			
	obědváš			
	umím			
	pokračujeme			
	myju se			
	lyžuju			
	platíme			

■ 9. Respond:

Co děláš dnes večer? _____

Co budeš dělat zítra večer? _____

V kolik hodin vstáváš? _____

Co znáš v České republice? _____

Jak často voláš domů? _____

Obědváš rád/a v restauraci? _____

Co rád/a snídáš? _____

Hledáš něco? _____

Kdy máš čas? _____

Máš v životě štěstí? _____

Kdy vstáváš o víkendu? _____

Rád/a vstáváš brzo ráno? _____

Na koho čekáš? _____

Jakou barvu máš rád/a? _____

Jakou hudbu posloucháš rád/a? _____

Začínáš rozumět česky? _____

Díváš se každý den na zprávy? _____

Bydlíš na koleji? _____

Víš, kde je hlavní pošta? _____

Víš, kolik je hodin? _____

Umíš hrát na piano? _____

Co rád/a jíš? _____

Co nerad/a jíš? _____

Večeříš v menze? _____

Jak často večeříš v restauraci? _____

Mluvíš španělsky? _____

Už rozumíš česky? _____

Proč se učíš česky? _____

Kouříš? Proč? _____

Jak dlouho spíš? _____

Těšíš se na víkend? _____

Těšíš se na léto? _____

Kolik stojí pivo v Praze? _____

Kam cestuješ o víkendu? _____

Rád/a cestuješ? _____

Kde nakupuješ jídlo? _____

Rád/a nakupuješ? _____

Co kupuješ každý den? _____

Potřebuješ něco? _____

Jak často potřebuješ slovník? _____

Co studuješ? _____

Studuješ rád/a? _____

Víš, kde budeš pracovat? _____

Už pracuješ? _____

Rád/a tancuješ? _____

Jak často tancuješ? _____

Rád/a sportuješ? _____

Jak často sportuješ? _____

Kam jdeš dnes večer? _____

Kam jedeš o víkendu? _____

Jedeš na hory? _____

Co čteš? _____

Čteš rád/a detektivky? _____

Co nikdy nečteš? _____

Píšeš rád/a dopisy? _____

Jak často píšeš esemesky?	_____
Píšeš vždy domácí úkoly?	_____
Piješ červené nebo bílé víno?	_____
Piješ rád/a české pivo?	_____
Kdo myje nádobí?	_____
Hraješ tenis? Hraješ fotbal?	_____
Hraješ někdy hokej?	_____
Hraješ na kytaru?	_____

UŽ ANO × JEŠTĚ NE
ALREADY (YES) × STILL DON'T – NOT YET

	+	–
Už rozumíš česky?	– Už trochu rozumím.	– **Ještě ne**rozumím dobře.
Už umíš česky?	– Už trochu umím.	– **Ještě ne**umím dobře.
Už mluvíš česky?	– Už trochu mluvím.	– **Ještě ne**mluvím dobře.
Už znáš Prahu?	– Prahu znám už docela dobře.	
Už znáš Českou republiku?		– **Ještě ne**znám.

JEŠTĚ ANO × UŽ NE
STILL YES × NOT ANYMORE

	+	–
Ještě studujete?	– Ano, ještě studuju.	
Studujou ještě tvoji rodiče?		– Ne, **už ne**studujou.
Ještě tady budeš?	– Ano, ještě tady budu.	
Ještě se díváš na film?	– Ano, ještě se dívám.	– Ne, **už** se **ne**dívám.
Ještě jsi smutný?		– Ne, **už ne**jsem smutný.
Ještě se učíš česky?	– Ano, ještě se učím.	

JEŠTĚ ANO × UŽ NE
SOME MORE × NO MORE

	+	−
Dáš si ještě dort?	– Ano, dám si ještě kousek.	
Dáš si ještě jedno pivo?	– Ano, dám si ještě jedno pivo.	
Dáš si ještě zmrzlinu?	– Ano, dám si ještě.	
Dáš si ještě kávu?		– Děkuju, **už** si **ne**dám.
Dáš si ještě čaj?		– Děkuju, **už** si **ne**dám.
Dáš si ještě bečherovku?		– Děkuju, **už** si **ne**dám.

■ **10. Respond:**

Znáš už moji kamarádku?	– Ano, _____ znám tvoji kamarádku.
	– Ne, _____ neznám tvoji kamarádku.
Už znáš tu knihu?	– Ano, _____ znám tu knihu.
	– Ne, _____ neznám tu knihu.
Už znáš jejich učitelku?	– Ano, _____ znám jejich učitelku.
	– Ne, _____ neznám jejich učitelku.

Máš ještě čas?	– Ano, _____ mám čas.
	– Ne, _____ nemám čas.
Poslouchají tvoji rodiče ještě Beatles?	– Ano, _____ poslouchají Beatles.
	– Ne, _____ neposlouchají Beatles.
Potřebuješ ještě slovník?	– Ano, _____ potřebuju slovník.
	– Ne, _____ nepotřebuju slovník.
Ještě jsi unavený?	– Ano, _____ jsem unavený.
	– Ne, _____ nejsem unavený.

Dáš si ještě knedlíky?	– Ano, dám si _____ .
	– Děkuju, _____ si nedám.
Dáš si ještě koňak?	– Ano, dám si _____ .
	– Děkuju, _____ si nedám.
Dáš si ještě whisky?	– Ano, dám si _____ .
	– Děkuju, _____ si nedám.

MOTION:

DO, Z + Gen. case

Jedu **DO** Itálie ----------▶▶

◀◀----------- Jedu **Z** Itálie / Jsem z Itálie

NA + Acc. case

Jdu **NA** koncert ----------▶▶

◀◀----------- Jdu **Z** koncertu

Jdu **NA** kávu ----------▶▶ ◉ (do restaurace)

PRO + Acc. case

Jdu **PRO** kávu ----------▶▶ ◉ (do obchodu)

◀◀-----------

PŘES + Acc. case

Jdu **PŘES** most

TIME:

V, ZA + Acc. case

V pondělí, **V** jednu hodinu
ZA pět minut
jednou **ZA** měsíc + **ZA KOLIK** jsou banány? = **KOLIK STOJÍ**?

PLACE:

V, NA + Loc. case

V Praze, **NA** univerzitě

VERBS:

myslím **na**, čekám **na**, těším se **na**, dívám se **na**, děkuju **za**, zajímám se **o**

》 jdu na koncert → lístek na koncert; jdu do klubu → lístek do klubu
komoda na prádlo   mléko na tělo
taška na nákup   šampon na vlasy
pasta na zuby   police na knížky

■ 11. Fill in prepositions:

Večer jdeme _____divadla. Jdete _____film Chicago? _____kolik hodin vstáváte?

_____pondělí vstávám _____sedm hodin, _____víkendu _____poledne.

Co děláte _____sobotu večer? Studujeme _____Praze. Myslíte často _____rodiče?

Domů volám jednou _____týden. Zajímáte se _____literaturu?

_____kolik mají banány v Tesku? _____poledne jdeme _____restaurace _____oběd.

Děkuju _____všechno. Těšíte se _____ víkend? Jdu _____ obchodu _____ kávu.

Večer jdeme _____ koncert. Máte lístek _____ koncert? Dívám se _____ televizi.

Jsem unavený, zítra nejdu _____ školy. Budeš zítra _____ škole?

Potřebuju pastu _____ zuby a šampon _____ vlasy. Studenti jsou _____ Itálie.

Hanna se nezajímá _____ politiku. Trafika je naproti. Musíme jít _____ ulici..

Jedeme _____ Brna. Jdeme _____ nádraží. Jsme _____ nádraží. Čekáme _____ vlak.

Vlak jede _____ pět minut. Češtinu máme dvakrát _____ týden. _____ co myslíš?

_____ co se těšíš? _____ koho myslíš? _____ koho se těšíš?

■ 12. Match the sentences:

1. Dobré ráno!	a) Nic moc!
2. Kolik je hodin?	b) Za málo.
3. Jak se máš?	c) Není zač.
4. Co studuješ?	d) Nápodobně!
5. Promiňte!	e) Dobrou chuť!
6. Děkuju moc!	f) Historii.
7. Co si přejete?	g) Jedna hodina a pět minut.
8. Co si dáte?	h) 150 korun.
9. Kolik stojí ten svetr?	i) Dva bílé jogurty.
10. Na shledanou!	j) Dvě kávy a dvě koly.
11. Hezký víkend!	k) Ano, ještě mám hlad!
12. Dobrou chuť!	l) Já taky!
13. Díky!	m) To je všechno.
14. Pardon!	n) Dobré ráno!
15. Ještě něco?	o) Ne, už si nedám.
16. Kdy jede vlak?	p) Na shledanou!
17. Promiňte, že jdu pozdě.	q) To nevadí.
18. Dáš si ještě dort?	r) Za pět minut.
19. Máš ještě hlad?	s) Pardon!
20. Těším se na víkend!	t) Nic se nestalo.

5

ORIENTACE VE MĚSTĚ – HLEDÁM...
ORIENTATION IN THE TOWN – I'M LOOKING FOR...

C – cizinec

K – kolemjdoucí *(passer-by)*:   ← jít kolem *(to pass by)*

C: Prosím vás, hledám poštu. Kde je tady pošta?

K: Vidíte ten žlutý dům tam naproti?

C: Ano.

K: To je hlavní pošta.

C: Děkuju.

K: Prosím.

C: Promiňte, jak se dostanu na Smíchovské nádraží?

K: Na Smíchovské nádraží musíte metrem. Tady je zelená linka „A", áčko, stanice Staroměstská, jedete jednu stanici na Můstek a na stanici Můstek přestoupíte na žlutou trasu „B", béčko.

C: Je to daleko?

K: Ne, několik stanic, směr Zličín.

C: Děkuju mockrát.

K: Není zač.

C: Prosím vás, jak se dostanu na Staroměstské náměstí?

K: Musíte jít stále rovně.

C: Je to daleko?

K: Ne, je to jen kousek, asi pět minut pěšky.

C: Prosím vás, hledám filozofickou fakultu.

K: Filozofickou fakultu? Vy jste student?

C: Ano, ze Španělska.

K: Fajn! Tak musíte jet tramvají na metro na stanici Hradčanská a pak ještě dvě stanice metrem na stanici Staroměstská. Tam je filozofická fakulta.

C: Děkuju moc.

K: Za málo.

C: Prosím vás, jdu dobře na Václavské náměstí?

K: Ne, nejdete dobře. Musíte zpátky, druhou ulicí doprava a potom stále rovně.

(Kde je asi cizinec?)

KDE JE TO? – *WHERE IS IT?*

JAK/KUDY SE TAM DOSTANU? KAM MÁM JÍT?
HOW DO I GET THERE?

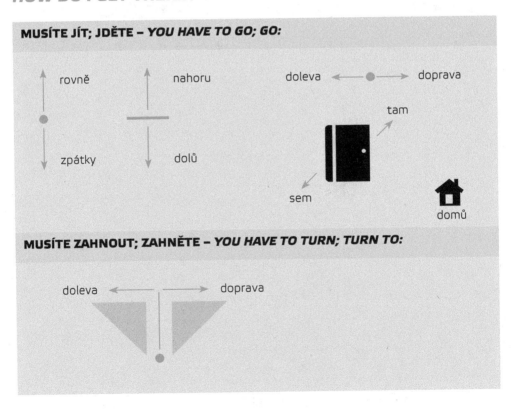

MUSÍTE JÍT; JDĚTE – *YOU HAVE TO GO; GO:*

MUSÍTE ZAHNOUT; ZAHNĚTE – *YOU HAVE TO TURN; TURN TO:*

5

ORIENTACE VE MĚSTĚ – HLEDÁM...
ORIENTATION IN THE TOWN – I'M LOOKING FOR...

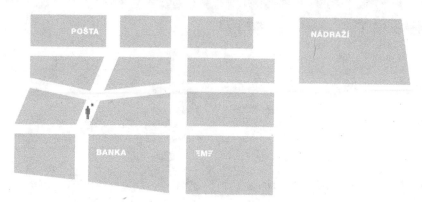

■ 13. Read and fill in the missing words:

1. Prosím vás, kde je tady pošta?

   Jděte rovně a je to druhá ulice, tam zahněte _____ a napravo je pošta.

   Děkuju. – Prosím.

2. Prosím vás, hledám banku. Kde je tady banka?

   Musíte zpátky. Jděte _____ a první dům _____ je banka.

   Díky. – Není zač.

3. Prosím vás, kde je stanice metra?

   Jděte rovně, první ulice _____ , první ulice _____ , stále rovně

   a na rohu _____ je metro.

   Nebo jděte zpátky, zahněte _____ , jděte kousek _____ a na rohu

   _____ je metro.

   Děkuju mockrát. – Za málo.

4. Hledám nádraží. Jak se dostanu na nádraží?

   Hm, nádraží. Jděte rovně, pak zahněte _____ , pak jděte dva bloky rovně,

   zahněte _____ a naproti je nádraží.

   Nebo jděte zpátky, zahněte _____ , pak jděte rovně vedle stanice metra,

   potom zahněte _____ a naproti je nádraží.

   Děkuju moc. – Prosím.

▲ Jak se dostanu:

K + Dat. case – *towards (direction):* k metru, k nádraží...

NA + Acc. case: na náměstí, na nádraží...

DO + Gen. case: do ulice...

---

* The man stands with his back to us.

ambasáda (f)	embassy	prarodiče (m pl.)	grandparents
blok (m)	block	prázdniny (f pl.)	vacation
centrum (n)	centre	procházka (f)	walk
cukrárna (f)	sweetshop	průkaz (m)	certificate, papers
další	the next	přes (prep. + Acc.)	across
detektivka (f)	detective story	přednáška (f)	lecture
do (prep. + Gen.)	to, into	přestoupit (2)	to change for
doleva	to the left	rande (n) (coll.)	date, appointment
dolů	(to go) down	rodiče (m pl.)	parents
doma	at home	roh (m)	corner
domů	home	rovně	straight on
doprava	to the right	sem	hither, to here
hora (f)	mountain	sleva (f)	discount
hra (f)	play	směr (m)	direction
hrad (m)	(fortified) castle	smutný, -á, -é	sad
k (prep. + Dat.)	towards, to	stále	all the time
kam	where to	stopem	hitchhiking
kousek (m × adv.)	a small piece; near	titulek, titulky (m)	headline
kytara (f)	guitar	trasa (f)	route; line
letadlo (n)	airplane	úřad (m)	office
letět (2)	to fly	ven	(to go) out
letiště (n)	airport	vinárna (f)	wine cellar
linka (f)	line	vlak (m)	train
loď (f)	ship	výlet (m)	excursion, trip
lyže (m)	ski	výstava (f)	exhibition
menza (f)	student's canteen	výtah (m)	elevator
mockrát	many times; a lot	zahnout	to turn to
motorka (f)	motorcycle	zámek (m)	castle
muset (2)	to have to	znamenat (1)	to mean
nádobí (n), (only sg.)	dishes	zpáteční lístek (m)	return ticket
nahoru (adv.)	up	zpátky (adv.)	back
návštěva (f)	visit; guest(s)	zpráva (f)	message
navštívit (2)	to visit, to go to see	zprávy (f pl.)	the news
několik	few, several	zub (m)	tooth
pak, potom	then, afterwards		
patro (n)	floor	**FRÁZE:**	**PHRASES:**
pěšky	on foot	na rohu	on the corner
píseň (f)	song	Jak/kudy se	How do I get to…?
pokladna (f)	cash	dostanu…?	
(paní) pokladní (f)	cashier	Šťastnou cestu!	Have a good trip!
policie (f)	police	V pořádku.	All right.
povolení k pobytu (n)	residence permission		That's okay.

Juan:	Ahoj, Honzo! **Chceš** jet na výlet?
Honza:	Kam?
Juan:	Zítra **chceme** jet na výlet do Českého Krumlova. **Chceš** jet taky?
Honza:	Český Krumlov…! No, to je opravdu krásné město. Ale já už znám Český Krumlov. Už jsem tam byl! Minulý rok… nebo dva roky zpátky.
Juan:	To nevadí. **Můžeš** jet znovu. **Můžeš** jet jako průvodce…
Honza:	No jo, průvodce… To je fakt. A jede taky Hana?
Juan:	To ještě nevím, ještě jsem jí nevolal.
Honza:	**Chtěl bych** to vědět.
Juan:	Moment! Hned to budeme vědět.

Juan:	Hanno, už jsi mluvila s Hanou? **Chce** jet zítra na výlet?
Hanna:	Ještě nevím. A proč se ptáš?
Juan:	**Musíme** to vědět! Honza asi **nechce** jet bez Hany.
Hanna:	To je zajímavé! Hm. Počkej! Kde je telefon?

Hanna:	Haló! Ahoj, Hano, tady Hanna!
Hana:	Ahoj! Jak se máš?
Hanna:	Já dobře. A ty?
Hana:	Já nic moc. Mám moc práce.
Hanna:	Co děláš?
Hana:	Učím se na zkoušku.
Hanna:	Aha. Víš co? Zítra jedeme na výlet do Českého Krumlova. **Nechceš** jet taky?
Hana:	Ach, to je škoda. Tam jsem ještě nebyla, ale zítra bohužel **nemůžu** jet, zítra **musím** studovat.
Hanna:	Zítra je sobota, **můžeš** studovat v neděli.
Hana.	Jeden den nestačí.
Hanna:	To mě mrzí.
Hana:	Mě taky. Děkuju za pozvání. Mějte se hezky a šťastnou cestu!
Hanna:	Díky! Taky se měj hezky!

Juan:	Tak co?
Hanna:	Bohužel asi jedeme sami. Hana **chce** jet, ale **nemůže**, protože **musí** studovat.
Juan:	No vidíš to. Hana **chce** jet, ale **nemůže**, Honza **může** jet, ale **nechce**, protože nejede Hana. Ale to nic! To je jejich věc. Budeme mít hezký výlet jen my dva.
Hanna:	To víš, že jo.

▲ Ne/volal jsem jí. – *I called/didn't call her.*
Chtěl bych to vědět. – *I'd like to know that.*
bez Hany – *without Hana*
mluvit s – *speak with*
Učím se na zkoušku. – *I'm studying for an exam.*

▲ To mě mrzí! – *I'm sorry about that!*
Děkuju za pozvání! – *Thanks for the invitation!*
No vidíš to! – *There you go/are!*
Ale to nic! – *Doesn't matter!*
To víš, že jo! *(coll.)* – *Sure!*

■ **1. Respond:**

Kam jedou Hanna a Juan?

_____

Jede taky Honza na výlet?

_____

Co Honza potřebuje (chce) vědět? Proč?

_____

Má Hana o víkendu čas?

_____

Co musí dělat?

_____

Má Hana zájem o výlet?

_____

Zná Hana Český Krumlov?

_____

Proč Hana nemůže jet?

_____

Je Hana smutná, protože nemůže jet?

_____

Proč Honza nechce jet?

_____

Je Juan smutný, že jedou sami?

_____

Chcete taky jet do Českého Krumlova?

_____

PRESENT TENSE – 2ND TYPE

MUSET: Musím – *I have to!* Nemusím – *I need not!*

(já)	musím	-ÍM	(my)	musíme	-ÍME
(ty)	musíš	-ÍŠ	(vy)	musíte	-ÍTE
(on) (ona) (ono)	musí	-Í	(oni) (ony) (ona)	musí/ejí	-Í/-EJÍ

PRESENT TENSE – 4TH TYPE

MOCT: Můžu – *I can, I'm able to;* Můžu...? – *May I...?*

(já)	můžu / mohu	-U	(my)	můžeme	-EME
(ty)	můžeš	-EŠ	(vy)	můžete	-ETE
(on) (ona) (ono)	může	-E	(oni) (ony) (ona)	můžou / mohou	-OU

» MUSÍM
       + INFINITIV   Musím jít.
MŮŽU   Můžu jít?

MUSÍM
      + KAM → na nádraží
CHCI → do školy

▲ Máš rád/a kávu? – Já kávu nemusím! *(coll.)* = Nemám rád/a kávu.

IRREGULAR VERB

CHTÍT: Chci – *I want*

(já)	chci	**CHCI !**	(my)	chceme	**-EME**
(ty)	chceš	**-EŠ**	(vy)	chcete	**-ETE**
(on) (ona) (ono)	chce	**-E**	(oni) (ony) (ona)	chtějí	**-ĚJÍ**

» | CHCI + INFINITIV | Chci jíst (pizzu).

| CHCI + AKUZATIV | Chci pizzu. Chtěl/a bych kávu.

■ **2. Answer the questions:**

Co ne/musíš dělat ráno?

vstávat, vařit večeři, poslouchat džez, psát domácí úkol, snídat, pít kávu, mýt se, vařit oběd, myslet na školu, jít do školy, dívat se na televizi, poslouchat zprávy, učit se, kupovat čerstvé rohlíky, číst noviny, mýt nádobí...

Ráno musím

_____

_____

Ráno nemusím

_____

_____

■ 3. Ask and answer using the following model:

Chceš jít na procházku? – Ano, chci, ale bohužel nemůžu, nemám čas.

jít na diskotéku? _____

jít na oběd? _____

jít na pivo? _____

jít do kina? _____

jít do divadla? _____

jet do Ameriky? – Ano, chci, ale bohužel nemůžu, nemám peníze.

jet do Španělska? _____

jet do Finska? _____

jet do Francie? _____

jet do Anglie? _____

jet na hory? _____

Nevíš, co chtějí dělat Hana a Honza? – Nevím, co chtějí dělat. Nemůžu to vědět.

kam chtějí jít Hana a Honza? _____

proč nechtějí jet na výlet? _____

kdy chtějí obědvat? _____

kde chtějí bydlet? _____

co chtějí vidět? _____

na co se těší? _____

co rádi jedí? _____

kdy ráno vstávají? _____

proč nemají čas? _____

jak umějí anglicky? _____

■ 4. Fill in a suitable modal verb:

chci, nechci, musím, nemusím, můžu, nemůžu

Honza říká, že Kill Bill není zajímavý film. – _____ vidět tento film.

To není pravda! Hana říká, že je to fantastický film! – _____ to vidět!

Zítra ráno jedeme na výlet. _____ vstávat v šest hodin.

Zítra je sobota. Mám volno. _____ vstávat brzo. _____ dlouho spát.

Nemám hlad. _____ jíst ten dort.

Je pozdě. Vlak jede za patnáct minut! _____ rychle na nádraží.

Ještě neumím česky dobře. Ještě _____ dobře mluvit česky.

Už docela hodně rozumím. Už _____ rozumět docela hodně.

Jdeme do kina. – Já _____ jít taky! × Chtěl/a bych jít taky. _____ jít taky?

■ **5. Fill in a suitable modal verb:**

Máš dnes večer čas?

Ano, mám.

Co (ty) _____ dělat dnes večer?

Ještě nevím, co budu dělat.

Já mám nápad: (my) _____ jít na diskotéku, do kina, nebo do opery.

Kam (ty) _____ jít?

Děkuju za pozvání, ale já _____ jít ani na diskotéku, ani do kina, ani do opery.

Jsem unavená. (já) _____ být doma. (já) _____ dělat nic!

Proč jsi tak líná?

Vůbec nejsem líná, jsem jen unavená!

Doma nemám jídlo. (já) _____ jít na nákup. (ty) _____ jít taky?

Co (ty) _____ nakoupit*?

(já) _____ nakoupit zeleninu, maso, ovoce, chleba, rohlíky, šunku, máslo, sýry, mléko, minerální vody a... a... nevím, co ještě!

Promiň, ale já nemám čas!

Ale já ne _____ to všechno vzít sama!

Tak (ty) ne _____ nakupovat všechno najednou!

Děkuju pěkně!

Slyšela jsem, že večer jdete do kina.

Ano, jdeme.

Na co jdete?

Jdeme na nový český film Román pro ženy.

(já) _____ jít taky?

Samozřejmě (ty) _____ , ale my už máme lístky. (ty) _____ jít pro lístek.

Myslíš, že ještě budou mít lístky?

To samozřejmě nevím, ale (ty) _____ tam volat a hned to budeš vědět.

* nakoupit = realizovat nákup

Juan v Praze nemluví španělsky. Proč Juan _____ mluvit španělsky?

Jak já to _____ vědět?!

Juan v Praze _____ mluvit španělsky, protože _____ mluvit česky.

Honza nejede na výlet. Proč Honza _____ jet na výlet?

Jak já to _____ vědět?!

Honza _____ jet na výlet, protože nejede Hana.

Hana taky nejede na výlet. Proč Hana _____ jet na výlet?

Jak já to _____ vědět?!

Hana _____ jet na výlet, protože _____ studovat.

■ 6. Respond (appropriately):

Může Hana dělat všechno, co **chce**? _____.

A ty? **Můžeš** dělat všechno, co **chceš**?

Ano, _____.

Ne, _____.

Co chceš dělat a nemůžeš?

Chci například _____

_____.

Proč to nemůžeš dělat?

Nemůžu _____,

protože musím _____.

A on?

_____ dělat všechno, co _____ ?

A my?

_____ dělat všechno, co _____ ?

A vy?

_____ dělat všechno, co _____ ?

A oni?

_____ dělat všechno, co _____ ?

Kdo _____ dělat všechno, co _____ ?

Asi nikdo _____ dělat všechno, co _____ !

Takový je život!

Dělám, co můžu!

Minulý týden Hanna a Juan **jeli** na výlet. **Navštívili** hrad Karlštejn. ▶
Museli vstávat brzo ráno, protože vlak **jel** v 9.38. To **nebylo** lehké, protože Juan ráno rád dlouho spí. Nerad vstává brzo ráno.

Výlet **byl** moc fajn. **Bylo** krásné počasí, **bylo** teplo a slunce **svítilo** celý den. **Viděli** Karlštejn, **procházeli se** po okolí a pak ještě **jeli** do města Beroun. Je to blízko, asi 15 minut vlakem. Hanna **chtěla** jít pěšky, ale Juan **byl** unavený, protože **vstával** moc brzo, takže nakonec **jeli** vlakem. Beroun **nebyl** tak zajímavý jako Karlštejn. Ale **byla** tam výborná hospoda! To je taky něco! Tam **obědvali** tradiční české jídlo: Hanna svíčkovou a Juan guláš a knedlíky. Jídlo **bylo** moc dobré. **Pili** taky pivo. Hanna dokonce taky. Už má ráda české pivo! Ale ne moc a ne vždy.

Hana a Honza **nejeli** na výlet, protože Hana **musela** studovat. A Honza **nechtěl** jet bez Hany.

▲   dokonce – *even*
         nakonec – *in the end, finally*
         procházeli se po okolí – *they walked around the area*
         To je taky něco! – *That's something at least!*

■ **7. Put into the present tense:**

Minulý týden **jeli** na výlet. – Tento týden _____ na výlet.

Navštívili Karlštejn. – _____ Karlštejn.

To **nebylo** lehké. – To _____ lehké.

Výlet **byl** moc fajn. – Výlet _____ moc fajn.

Bylo krásné počasí. – _____ krásné počasí.

Svítilo slunce. – _____ slunce.

Hanna **chtěla** jít pěšky. – Hanna _____ jít pěšky.

Juan **nechtěl** jít pěšky, protože byl unavený. – Juan _____ jít pěšky.

Honza **byl** unavený. – Honza _____ unavený.

Byla tam výborná hospoda. – _____ tam výborná hospoda.

Obědvali české jídlo. – _____ české jídlo.

Pili taky pivo. – _____ taky pivo.

Hana a Honza **nejeli** na výlet. – Hana a Honza _____ na výlet.

Hana **musela** studovat. – Hana _____ studovat.

Honza **nechtěl** jet bez Hany. – Honza _____ jet bez Hany.

■ **8. Respond:**

Co Hanna a Juan dělali minulý týden?

_____

V kolik hodin museli vstávat?

_____

Bylo to těžké?

_____

Proč to nebylo lehké?

_____

Jaký byl výlet?

_____

Jaké bylo počasí?

_____

Kam ještě jeli?

_____

Proč Juan nechtěl jít pěšky?

_____

Proč byl Juan unavený?

_____

Je Beroun daleko?

_____

Je Beroun zajímavé město?

_____

Co obědvali?

_____

Má Hanna ráda pivo?

_____

Proč Honza nejel na výlet?

_____

Proč Hana nejela na výlet?

_____

Už jste jeli na Karlštejn?

_____

Už jste navštívili Český Krumlov?

_____

PAST PARTICIPLE

	M sg.	F sg.	N sg.
JEX̶ +	**-L**	**-LA**	**-LO**
	Ma pl.	F + Mi pl.	N pl.
	-LI	**-LY**	**-LA**

DĚLAX̶ → dělal, dělala, dělalo; dělali, **-ly**, **-la**

STUDOVAX̶ → studoval, studovala, studovalo; studovali, **-ly**, **-la**

PAST TENSE = *past participle + present of "být" (1., 2. pers. sg. & pl.)*

JET:

já	jsem	jel/a **ne**jel/a	my	jsme	jeli/y **ne**jeli/y
ty	jsi	jel/a **ne**jel/a	vy	jste	jeli/y **ne**jeli/y
M sg. on		jel **ne**jel	Ma pl. oni		jeli **ne**jeli
F sg. ona		jela **ne**jela	F + Mi pl. ony		jely **ne**jely
N sg. on**o**/to auto		jelo **ne**jelo	N pl. ona/ta auta		jela **ne**jela

KDO BYL...? CO BYLO...?
KDO JEL...? CO JELO...? **!**

>> *Word order* (slovosled):

Já
Ráno   →   **jsem**   →   jel/a.
Dnes brzo ráno

Jel/a   →   **jsem**   →   ráno.
                                             dnes brzo ráno.

>> *Polite form for one person* (vykání):

F. Jela **jste** na výlet?   –   Ano, jela **jsem**. / Ne, nejela **jsem**.
M. Jel **jste** na výlet?   –   Ano, jel **jsem**. / Ne, nejel **jsem**.

>> **vidět:** vidí – viděl dobře!
vědět: ví   – věděl všechno!

>> inf. **-et:** Present (2)   →   bydlí, musí, myslí, rozumí,
                                           sedí, večeří, prší...

           Past tense   →   bydl**el**, mus**el**, mysl**el**, rozum**ěl**,
                                           sed**ěl**, večeř**el**, prš**elo**...

■ 9. Answer the questions:

Viděl/a jsi ten film?	– Ano, viděl/a jsem ten film. – Ne, neviděl/a jsem ten film.
Slyšel/a jsi tu hudbu?	_____ _____
Potřeboval/a jsi slovník?	_____ _____
Platil/a jsi oběd?	_____ _____
Myslel/a jsi na kamaráda?	_____ _____

Hledal/a jsi tužku?

_____

_____

Poslouchal/a jsi učitelku?

_____

_____

Čekal/a jsi na Juana?

_____

_____

Věděl/a jsi něco?

_____

_____

Obědval/a jsi něco?

_____

_____

Říkal/a jsi něco?

_____

_____

Myslel/a jsi na něco?

_____

_____

Volal/a jsi domů?

_____

_____

Vstával/a jsi brzo?

_____

_____

Bydlel/a jsi na koleji?

_____

_____

Mluvil/a jsi anglicky?

_____

_____

Kouřil/a jsi ve třídě?

_____

_____

Večeřel/a jsi v menze?

_____

_____

Studoval/a jsi včera večer?

_____

_____

Jel/a jsi na výlet?

_____

_____

Snídal/a jsi ráno?

_____

_____

Věděl/a jsi, že oni nejeli?

_____

_____

■ **10. Put into the past tense:**

Dělám oběd. (dělat) _____

Poslouchám R.E.M. (poslouchat) _____

Volám domů. (volat) _____

Znám tu knihu. (znát) _____

Čekám na kamarádku. (čekat) _____

Vařím večeři. (vařit) _____

Mluvím česky. (mluvit) _____

Rozumím trochu. (rozumět) _____

Bydlím na koleji. (bydlet) _____

Musím hodně studovat. (muset) _____

Večeřím doma. (večeřet) _____

Vždy rád/a tancuju. (tancovat) _____

Opakuju slovíčka. (opakovat) _____

Nic nepotřebuju. (potřebovat) _____

Netoleruju všechno! (tolerovat) _____

Trénuju hokej. (trénovat) _____

■ **11. Respond:**

Viděli jste ten film? _____

Viděl/a jste to divadlo? _____

Byli jste večer doma? _____

Byl/a jste večer v restauraci? _____

Čekali jste dlouho? _____

Čekal/a jste na mě? _____

Museli jste moc pracovat? _____

Musel/a jste tam jít? _____

Mluvili jste včera česky? _____

Mluvil/a jste včera anglicky? _____

Bydleli jste na koleji? _____

Bydlel/a jste v hotelu? _____

Znali jste tu knihu? _____

Znal/a jste pana Blacka? _____

Jeli jste na výlet? _____

Jel/a jste na Karlštejn? _____

Slyšeli jste nové zprávy? _____

Slyšel/a jste tu hudbu? _____

■ **12. Fill in the table and use in the sentences:**

infinitiv	anglicky	já	ty	on	ona
hledat					
			vstával jsi		
					bydlela
				musel	
		říkal jsem			
nakupovat					
	to work				

infinitiv	anglicky	my	vy	oni
			viděli jste	
				mluvili
	to repeat			
		věděli jsme		
umět				
			studovali jste	
	to need			

■ **13. Fill in the past tense of the appropriate verb from the table above:**

1. Neznáme to slovo. (my) _____ ____ to slovo ve slovníku.
2. Už jsem unavený. Musím jít spát. Dnes (já) ____ _____ brzo ráno.
3. Vidíš, že to není pravda. (já) _____ ____ , že to není pravda.
4. Vždy (ona) _____ na koleji Kajetánka?
5. (ty) _____ ____ jídlo na víkend?
6. Minulý rok Peter Black ještě ne_____ v Praze.
7. Včera byla neděle, ale Juan a Hanna _____ vstávat brzo, protože jeli na výlet.
8. Jak dlouho (vy) ____ _____ na zkoušku?
9. (vy) _____ ____ všechny otázky z testu?
10. (ty) _____ ____ , že Juan má novou přítelkyni?
11. Minulou hodinu (my) ____ _____ gramatiku.
12. Nevím, kde mám klíče. (ty) _____ ____ někde moje klíče?
13. (vy) _____ ____ včera česky?
14. (vy) _____ _____ pomoc.

■ **14. Form the questions:**

_____?
Včera jsem nedělal/a nic.

_____?
Obědval/a jsem kuře a brambory.

_____?
Bydlel/a jsem na koleji Hostivař.

_____?
V sobotu jsem vstával/a v deset hodin.

_____?
Nejel/a jsem na výlet.

_____?
Nejel/a jsem na výlet, protože jsem musel/a studovat.

_____?
Tu knihu jsem neznal/a.

_____?
Honzu jsem včera neviděl/a.

_____?
Minulý týden jsem nebyl/a ve škole, protože jsem byl/a nemocný/á.

_____?
Nehrál jsem hokej, protože jsem trénoval basket.

_____?
To nemusíš vědět. Není to tvoje věc!

■ **15. Match the sentences:**

1. Chceš jet na výlet?	a) Ty taky!
2. Dáš si ještě kávu?	b) Proč ne? Kam?
3. Promiňte, už musím jít.	c) To nevadí!
4. Měj se hezky!	d) Děkuju, už nemůžu.
5. Neudělal jsem zkoušku!	e) To je jedno!
6. Promiň!	f) Děkuju, to stačí.
7. Chceš kávu nebo čaj?	g) Rádo se stalo!
8. Dáš si ještě jedno pivo?	h) To mě mrzí!
9. Děkuju za všechno!	i) To víš, že ne.
10. Můžu tady kouřit?	j) Nic se nestalo!

basket (bal) (m) (coll.)	*basketball*
bez (prep. + Gen.)	*without*
celý, -á, -é	*the whole, all (the)*
dokonce (adv.)	*even*
hned	*immediately*
lehký, -á, -é	*easy*
najednou (adv.)	*all at once*
nakonec (adv.)	*in the end, finally*
okolí (n)	*surroundings*
pěkný, á, é	*pretty, nice*
pěkně (adv.)	*pretty*
po (prep. + Loc.)	*about, around*
procházet se (2)	*to walk about*
pršet (2)	*to rain*
průvodce (m)	*guide; guidebook*
s, se (prep. + Instr.)	*with*
slyšet (2)	*to hear*
svítit (2)	*to shine*
takový, -á, -é	*such*
takže	*so that; thus*
tolerovat (3)	*to tolerate*
tradiční (adj.)	*traditional*
všechny (otázky)	*all (questions)*

vzít (4): vezmu	*to take: I'll take*
znovu	*again*

FRÁZE:	**PHRASES:**
například	*for example*
po Praze	*around Prague*
dva roky zpátky (coll.)	*two years ago*
Ale to nic!	*That's okay.*
Děkuju za pozvání!	*Thanks for the invitation.*
Dělám, co můžu.	*I do my best.*
Mám moc práce.	*I have a lot of work. I'm busy.*
No vidíš to!	*There you go/are!*
Počkej/te!	*Wait a moment!*
Rádo se stalo!	*With pleasure!*
To je něco!	*That's something (at least)!*
To mě mrzí!	*I'm sorry (about that)!*
To stačí!	*That's enough!*
To víš, že jo! (coll.)	*Sure!*

2. LEKCE

Co se ti líbí (jaká barva, jaká hudba, jaký pokoj, který film, která opera, která kniha, které město)?
Kdo se ti líbí?
Kdo je tvůj oblíbený autor?
Která je tvoje oblíbená kniha?
Můj pokoj

3. LEKCE

Jaké jídlo a pití ne/máš rád/a?

4. LEKCE

Co rád/a děláš? Co nerad/a děláš? Proč?
Rád/a nakupuješ? Co ano? A co ne?

5. LEKCE

Kdo jsi? Odkud jsi? Co studuješ? Kde bydlíš?
Jak dlouho jsi v Praze?
Co se ti v Praze ne/líbí?
Jak se jmenuje tvůj/tvoje dobrý/á kamarád/ka a co dělají?
Máš psa nebo kočku? Jak se jmenujou?
Už znáš dobře Českou republiku?
Co už znáš? Co ještě neznáš?
Jakou hudbu posloucháš? Jaké knihy čteš rád/a?
Už pracuješ? Jako co?
Jak dlouho se učíš česky? Jak často máš češtinu?
Už trochu rozumíš a mluvíš česky?

6. LEKCE

Co jsi dělal/a včera? (vstávat – v kolik hodin; snídat – co; být doma/ve škole; studovat; poslouchat hudbu; myslet na...; obědvat – co – kde; plánovat – co budu dělat příští rok/zítra; kam chci jet; večeřet – co...)
Jaké máš plány? Co chceš dělat? Můžeš dělat všechno, co chceš? Co například chceš a nemůžeš dělat?

1.

dát si + *co*	Dám si kávu.
dělat + *co*	Dělám domácí úkol.
hledat + *co/koho*	Hledám poštu. / Hledám pana profesora.
obědvat + *co*	Obědvám pizzu.
poslouchat + *co/koho*	Poslouchám hudbu. / Poslouchám paní učitelku.
prodávat + *co*	Prodávám staré auto.
říkat + *co*	Říkám pravdu. (Co říkáš? × Jak mluvíš?)
snídat + *co*	Snídám housku.
znát + *co/koho*	Znám Prahu. / Znám tvoji kamarádku.
zpívat + *co*	Zpívám českou píseň.
čekat **na** + *co/koho*	Čekám na tramvaj. / Čekám na přítele.
dívat se **na** + *co/koho*	Dívám se na televizi. / Dívám se na učitelku.
ptát se **na** + *co/koho*	Ptám se na cestu. / Ptám se na studenta.
zajímat se **o** + *co/koho*	Zajímám se o sport. / Zajímám se o Honzu.

2.

jíst + *co*	Jím zmrzlinu.
kouřit + *co*	Kouřím cigaretu.
končit + *co*	Končím práci.
platit + *co*	Platím oběd.
řídit + *co*	Řídím auto docela dobře.
slyšet + *co/koho*	Slyším to. / Slyším vás.
učit + *co/koho*	Učím angličtinu. / Učím studenty.
učit se + *co*	Učím se gramatiku.
uklízet + *co*	Uklízím pokoj.
umět + *co*	Umím tu píseň. (zpívat)
vařit + *co*	Vařím večeři.
večeřet + *co*	Večeřím maso a brambory.
vědět + *co*	Vím to. = (kolik je hodin, kde je pošta…)
vidět + *co/koho*	Vidím ten obraz. / Nevidím vaši kočku.
myslet **na** + *co/koho*	Myslím na test. / Myslím na kamaráda.
prosit **o** + *co*	Prosím o pomoc.
těšit se **na** + *co/koho*	Těším se na víkend. / Těším se na matku.

3.

kupovat + *co*	Kupuju jídlo.
milovat + *co/koho*	Miluju džez! / Miluju Jana!
opakovat + *co*	Opakuju gramatiku.
opravovat + *co*	Opravuju test.
potřebovat + *co/koho*	Potřebuju slovník. / Potřebuju pana profesora.
studovat + *co*	Studuju češtinu.
tolerovat + *co*	Netoleruju všechno.
trénovat + *co*	Trénuju hokej.
děkovat **za** + *co*	Děkuju za dárek.

4.

číst + *co*	Čtu knihu.
hrát + *co*	Hraju hokej.
mýt + *co/koho*	Myju nádobí. / Myju psa. / Myju se!
pít + *co*	Piju kávu.
přát si + *co*	Přeju si nové auto. / Přeju si jednu kávu.
psát + *co*	Píšu dopis.
vzít si + *co*	Ty boty si vezmu.
hrát **na** + *co*	Hraju na kytaru.

Slovesa a fráze s infinitivem

Můžu jít? Musím jít. Chci jít.
Potřebuju pít. Umím vařit. Začínám mluvit česky. Jdu spát.
Mám plán / cíl mluvit česky dobře. Mám přání / Přeju si cestovat do České republiky.

OTÁZKY
QUESTIONS

1. JAK?	Jak se máš? – Díky, dobře.
2. ODKUD?	Odkud jsi? – Jsem z Prahy.
3. CO?	Co dělá tvůj kamarád? – Studuje.
4. KDO?	Kdo je ten pán? – Nevím, kdo to je.
5. KDE?	Kde bydlíš? – V Praze bydlím na koleji.
6. JAKÝ?	Jaký máš program na večer? – Jdu do kina.
7. KTERÝ?	Který kluk se ti líbí? – Líbí se mi Honza.
8. ČÍ?	Čí je ten čaj? – Je můj.
9. KOLIK?	Kolik máš let? – Mám dvacet let.
10. KOLIKÁTÝ?	Kolikátého je dnes? – Je patnáctého září (devátý).
11. KDY?	Kdy máš čas? – Zítra večer.
12. PROČ?	Proč se učíš česky? – Protože se mi čeština líbí.
13. KOLIKRÁT?	Kolikrát za týden máš češtinu? – Dvakrát.
14. JAK ČASTO?	Jak často snídáš v restauraci? – Skoro nikdy.
15. JAK DLOUHO?	Jak dlouho jsi tady? – Tří měsíce.
16. KAM?	Kam jedeš o víkendu? – Jedu na výlet.
17. ČÍM?	Čím jedeš? – Jedu autobusem.

There are seven cases in Czech; each case has singular and plural forms. You have already met all of them, although up till now you have for the most part only used the Acc.sg, Nom. and Acc.pl.
Let's review what you should already know:

1ˢᵗ case – **The nominative** is the **subject** of the sentence.

2ⁿᵈ case – **The genitive** expresses: **the English "of"**, or it is used after some of the **motion prepositions** such as **do** (to), **z** (from), or **time prepositions** such as **od** (from), **do** (till), etc.

3ʳᵈ case – **The dative** means **approaching the object or person**. It is also an **indirect object** after verbs such as "to write, give" etc. It often corresponds to English "to".

4ᵗʰ case – **The accusative** is for the **direct object**, which is used by many Czech verbs. It also means **motion** or **direction** towards something (**na** fakultu). It is also used after some **time prepositions** (**v** pátek, **za** pět minut).

5ᵗʰ case – **The vocative** is used **to address** persons.

6ᵗʰ case – **The locative** is used only **after prepositions** and means being somewhere (**location**). It is also used after some **time prepositions** (**o** víkendu).

7ᵗʰ case – **The instrumental** is used to express **by what means** or **by whom an action is carried out**.

1. NOMINATIV	**CO / KDO?**	Praha, pan profesor
2. GENITIV	**KAM?** **ODKUD?**	Jedu do Prahy. Jsem/jedu z Prahy.
	OD KDY – DO KDY?	od pondělí do úterý
3. DATIV	kam?	Jak se dostanu k metru?
4. AKUZATIV	**CO / KOHO?** **KAM?** **KDY?**	Znám Prahu, pana profesora. Jdu na koncert. v pátek
5. VOKATIV	HEJ!	Pane profesore!
6. LOKÁL	KDE? KDY?	Jsme v Praze. o víkendu
7. INSTRUMENTÁL	JAK / **ČÍM?**	Jedeme metrem.

VÍNEČKO BÍLÉ

Moravská

1. Ví - neč - ko bí - lé, jsi od mej mi - lej,

bu - du tě pít, co bu-du žít, ví-neč-ko bí - lé.

2. Vínečko rudé,
   jsi od tej druhej,
   budu tě pít,
   co budu žít,
   vínečko rudé.

3. Vínečka obě
   frajárky moje,
   budu vás pít,
   co budu žít,
   vínečka obě.

vínečko	dear wine (dim.)
od	from
milá	dear
tě	you (acc. from ty)
rudý	deep red
obě	both
frajárky	girls (dialect)
vás	you (acc. from vy)

KDE SE PIVO PIJE

Česká

Kde je mlá-dek, tam je stá-rek, tam je ta-ky pi-vo,

pi-vo-vá-rek.   Kde se pivo vaří, tam se dobře daří,

Andante

kde se pivo pije, tam se dobře žije. Po jďme tam a pij-me,

pij-me-ho, pij-me-ho, až do rá-na bí-lé-ho.

mládek	young miller, brewer
stárek	chief miller, brewer
pivovar	brewery
pivovárek	dem. from pivovar
vařit	to cook, to brew
vaří se	is cooked
dařit se	to prosper, fare well
pojďme	let's go
pijme	let's drink
do	until

LEKCE 1

1. (já) jsem / ty // (já) jsem // ty jsi // nejsem / jsem // nejsem / jsem // jsi // nejsem / jsem / ty // já jsem

(já) jsem / vy // (já) jsem // vy jste // nejsem / jsem // nejsem / jsem // jste // nejsem / jsem / vy // já jsem

je / je / není / je / není / je // jsou / nejsou // jsou / jsou // jsme / jste / jsme / jsou / nejsou / jsou

2. Ano, jsem student. / Ano, jsem studentka. / Ne, (já) nejsem Američan, (já) jsem Francouz. / Ne, (já) nejsem Američanka, (já) jsem Francouzka...
Ne, (já) nejsem Petr Černý, (já) jsem Peter Black...
Ne, (já) nejsem Pavel, (já) jsem Petr...
Ne, já nejsem pan prezident, já jsem student...
Ano, to je opravdu pan Černý...

3. není // není // není // není // není // není

CO TO JE?
dům / autobus / dopis / telefon / počítač / klíč (**M**)
palma / pusa / sanitka / sofa a lampa / kniha / tužka (**F**)
sklenic**e!** (**F**)
letadlo / kolo / rádio / město / cédéčko / auto (**N**)
srdc**e!** (**N**)
nůžk**y** / brýl**e** / peníz**e** / dveř**e** / kalhot**y** (**pl.**)

KDO TO JE?
pán / muž / pan Novák / profesor / otec / manžel (**M**)
paní / žena / paní Nováková / profesorka / matka / manželka (**F**)
mladý pán; Jan Novák / kluk / student / syn / bratr (**M**)
mladá paní; slečna Jana Nováková / holka / studentka / dcera / sestra (**F**)
dítě; miminko (**N**)
rodina // Novákovi (Novák+Nováková) / lidi

4. fax (M) – *fax* // telefon (M) – *phone* // doktor (M) – *doctor* // banka (F) – *bank* // restaurace (F) – *restaurant* // pivo (N) – *bear* // náměstí (N) – *square* // autobus (M) – *bus* // tramvaj (F) – *tram* // kolej (F) – *dorm* // banán (M) – *banana* // mléko (N) – *milk* // pomeranč (M) – *orange* // škola (F) – *school* // kečup (M) – *ketchup* // cédéčko (N) – *CD* // nula (F) – *zero* // park (M) – *park* // Itálie (F) – *Italy* // student (M) – *student* // profesorka (F) – *professor (woman)* // muž (M) – *man* // holka (F) – *girl* // papír (M) – *paper* // salát (M) – *salad* // káva (F) – *coffee* // ulice (F) – *street* // pas (M) – *passport* // město (N) – *town* // voda (F) – *water* // lampa (F) – *lamp* // víkend (M) – *weekend* // adresa (F) – *address* // Německo (N) – *Germany* // koncert (M) – *concert* // kniha (F) – *book* // kamarád (M) – *friend (man)* // slunce (N) – *sun* // kluk (M) – *boy* // paprika (F) – *pepper, paprika* // Francie (F) – *France* // plán (M) – *plan* // kuře (N) – *chicken* // rohlík (M) – *roll, croissant* // houska (F) – *roll, bun* // Finsko (N) –

Finland // kamarádka (F) – *friend (woman)* // pokoj (M) – *room* // hotel (M) – *hotel* // čaj (M) – *tea* // divadlo (N) – *theatre* // vchod (M) – *entrance* // východ (M) – *exit* // Polsko (N) – *Poland* // Amerika (F) – *America* // vejce (N) – *egg* // mapa (F) – *map* // Slovensko (N) – *Slovakia* // ovoce (N) – *fruit* // maso (N) – *meat* // Anglie (F) – *England* // džus (M) – *juice* // koruna (F) – *crown* // euro (N) – *euro* // sendvič (M) – *sandwich* // supermarket (M) – *supermarket*

5. To je město. Tam je jedna ulice. / Tam je obchodní dům Tesco... Banka je naproti. Národní divadlo je dole vzadu. Naproti je kavárna Slavia. Ne, škola tam není. Nevím, kde je pošta. Tam je Jan Novák, tam je Hana Nováková / Tam jsou Jan Novák a Hana Nováková. Jan Novák je můj kamarád. Ano, je. Hana Nováková je taky moje kamarádka. Ne, Hana není profesorka. Ano, Hana je Češka. Peter je Američan. / Peter je z Ameriky. Já jsem... / Já jsem z... Jan Novák je Čech. / Jan Novák je z České republiky.

6. Muzeum je nahoře. Pomník je vpředu. Křižovatka je uprostřed. Obchody, banky, hotely a restaurace jsou napravo i nalevo. Státní opera je vzadu.

7. 1 – o, 2 – g, 3 – r, 4 – t – j, 5 – j – t, 6 – i, 7 – m, 8 – f – b, 9 – b, 10 – d, 11 – c, 12 – k, 13 – p, 14 – a – e, 15 – l – n, 16 – s, 17 – q, 18 – h, 19 – n – l, 20 – a – e

LEKCE 2

1. To je pokoj. To je můj pokoj. (Pokoj) je velký a světlý. (Okno) je velké. (Stůl) je nový. (Křeslo) je malé. Mám tam postel, stůl, křeslo a skříň. Dole je koberec. (Koberec) je indický. (Lampa) je nahoře. (Lampa) je bílá. Ano, jsou tam police na knížky. Ano, je tam piano. (Piano) je staré. Ano, je tam komoda. (Pohovka) je z Ikey. Ikea je švédský obchodní dům. Je / není moderní, praktický, levný, drahý, má / nemá moderní, zajímavý design... Ano, hifi věž je moderní. Telefon, televize, počítač, květiny... Ano, (pokoj) je moderní. / Ne, (pokoj) není moderní. Ano, líbí se mi. / Ne, nelíbí se mi.

2. a) nový – *new*, starý – *old*, moderní – *modern*, ošklivý – *ugly*, hezký – *nice* b) velký – *big*, světlý – *light*, malý – *small, little*, tmavý – *dark*, příjemný – *pleasant* c) studený – *cold*, teplý – *warm*, slabý – *weak*, silný – *strong*, černý – *black* d) dobrý – *good*, špatný – *bad*, výborný – *excellent*, český – *Czech*, cizí – *foreign*

3. nový: hotel, koberec, počítač, slovník, telefon, pokoj // hezká: mapa, kniha, holka, ulice, kolej // velké: pivo, náměstí, okno

4. velký – malý // studený – teplý // pomalý – rychlý // mladý – starý // chytrý – hloupý // zajímavý – nudný // čistý – špinavý // špatný – dobrý // nový – starý // silný – slabý // drahý – levný

5. (Hotel) je nový. (Čaj) je silný. (Dům) je starý. (Profesor) je chytrý. (Pokoj) je hezký. (Den) je ošklivý. // Praha je (hezká). (Káva) je teplá. (Profesorka) je elegantní. (Kolej) je stará. // (Pivo) je výborné. (Víno) je dobré. (Počasí) je špatné. (Náměstí) je velké. //

České pivo je fantastické. Italské víno je levné. Francouzský sýr je drahý. České víno není dobré. Německá móda je klasická. Švýcarská čokoláda je výborná. Španělské ovoce je dobré. Finská sauna je teplá. Anglická monarchie je stará, ale nudná. České jídlo je dobré. Americký film je zajímavý. České metro je rychlé. Anglické počasí je špatné. Španělské moře je čisté. Americké jídlo není dobré. // Studená káva není dobrá. Starý sýr není dobrý. Teplé pivo není dobré. Mladé víno není dobré. Nedemokratická politika není dobrá. // Praha je staré město. Las Vegas je nové město. Pařížská ulice v Praze je hezká. Alchymista je zajímavá kniha. Harry Potter je nudná kniha. Respekt je dobrý časopis. Špinavá kolej je špatná. Líný student není dobrý. Každé ovoce je dobré. Nevím. Čokoláda je dobrý film.

6. Ne, Eminem není dobrý zpěvák. Ano, Madonna je dobrá zpěvačka. Ano, Milan Kundera je dobrý spisovatel. Ano, Joanne Rowlingová je dobrá spisovatelka. Ano, Mona Liza je krásný obraz. Ne, Toyota není rychlé auto. Ano, Pilsner Urquell je dobré pivo. Ano, Carmen je hezká opera. Ano, Pianista je dobrý film. Ne, Woody Allen není dobrý herec. Ne, Pamela Andersonová není dobrá herečka. Václav Havel je zajímavý autor. Chicago není špatný film. Malý princ je krásná kniha. Frankovka je docela dobré víno.

7. Jahoda je červená. Banán je žlutý. Jablko je červené, žluté nebo zelené. Pomeranč je oranžový. Švestka je modrá a fialová. Citron je žlutý. Meloun je červený a zelený nebo žlutý. Ořech je hnědý. Víno je zelené nebo modrofialové. Mandarinka je oranžová.

8. To pivo je výborné. Ten dům je starý. Ta univerzita je dobrá. Ten cukr je bílý. Ta káva není teplá. Ten hotel je drahý. Ta restaurace je levná a dobrá. Kde je ta restaurace? To počasí je hrozné. Ta sklenice je špinavá. To náměstí je velké. Ten svetr je malý. Ten džus je studený. Ta zmrzlina je dobrá. To auto je nové. Ta televize je nudná. Ten film je výborný. Ta kniha není špatná. // To je hrozné! To je zajímavé. To je relativní. To není pravda! To je fakt. To je škoda! To je život! To je skandál! To je tragédie! To není fér.

9. jeden dolar / jedna koruna / jedno pivo / jedna kniha / jedna žena / jeden problém / jeden lístek / jedno kino / jedna káva / jeden den / jeden muž / jedno dítě / jeden rohlík / jedna minuta / jedno náměstí / jedno nádraží / jedno euro / jeden stůl / jedna židle / jedna tramvaj

10. moje kniha / moje pivo / můj kamarád / můj telefon / můj slovník / moje kolej / můj problém / moje postel / můj pokoj / můj klíč / moje taška / moje fotka / moje tričko / můj sešit / moje cédéčko / moje auto / můj počítač / můj oběd

11. tvoje pivo // moje místo // náš učitel // můj parfém // můj účes // tvoje tričko // jeho problém // její sestra // můj bratr // naše třída // jejich auto / naše auto // váš problém // náš dům // jejich adresa // náš kamarád // jeho pokoj

12. moje kamarádka / paní Nováková / dobrá studentka / naše učitelka / paní doktorka / paní Černá / výborná inženýrka / prodavačka / cizinka / jedna Němka / jedna moje přítelkyně / česká herečka

13. To je počítač. Ten počítač je starý. Ten počítač je můj. // To je kniha. Ta kniha je velká. Ta kniha je moje. // To je auto. To auto je staré. To auto je moje.

14. šest nula dva devět osm pět tři čtyři dva

16. jedna a (plus) osm je devět / devět a šest je patnáct / jedna a pět je šest / šest a jedna je sedm / sedm a devět je šestnáct / šestnáct a osm je dvacet čtyři / dvacet čtyři a dva je dvacet šest / dva a šest je osm

17. Pivo stoji dvacet pět korun. Dobrá voda stojí patnáct korun. Minerálka stojí třicet dva korun. Pizza stojí sto korun. Kola stojí třicet pět korun. Rohlík stojí dvě koruny. Lístek na metro stojí dvacet čtyři korun. Káva z automatu stojí deset korun. Je to dobrá cena, ale káva není moc dobrá. // Je jedna hodina / třináct hodin a čtyřicet pět minut. // Je jedna hodina / třináct hodin a padesát dva minut. // Jsou dvě hodiny / je čtrnáct hodin a sedmnáct minut. // Jsou dvě hodiny / je čtrnáct hodin a třicet tři minut. // Jsou tři hodiny / je patnáct hodin a pět minut. // Je osm hodin / dvacet hodin a deset minut.

18. 1. máš / mám 2. nemám 3. mám / má 4. má / má 5. nemám 6. máš 7. máte / mám(e) 8. mají / nemají / mají 9. máš / nemám 10. máte / nemám(e) 11. mají / nemají 12. máme / máte 13. nemám(e) 14. máte 15. máme / mají 16. mají / nemají, má

19. 1. mám / nemá 2. máš / mám 3. máš / máš 4. máte / nemáme 5. má 6. mám / mají 7. má / nemá 8. mají 9. mají 10. máte 11. nemám / máš 12. mám

22. drahá // velké // dobrá // vysoká // studená

LEKCE 3

1. Jana Krátká není v restauraci. Peter a Petr čekají na Janu Krátkou. Spolu mluví česky. Možná kniha nebo lampa, možná televize, možná kravata... Ano, líbí se mu dárek. Peter si dá kapra. Jana si k pití dá tmavé pivo. Platí Peter. Večeře stojí 489 korun. Ne, ta restaurace není drahá. Ano, Peter dává spropitné. Dává 11 korun. Je to moc málo.

2. Obědvám kuře a brambory. – *I have chicken and potatoes for lunch.* Poslouchám džez. – *I´m listening to jazz.* Zajímám se o hudbu. – *I´m intersted in music.* Vstávám v sedm hodin. – *I get up at seven o´clock.* Snídám rohlík a čaj. – *I have a roll and tea for breakfast.* Hledám slovo. – *I´m looking for a word.* Dám si pivo. – *I´d like a beer.* Neříkám nic. – *I´m not saying anything.*

3. si dáme // si dáš / dám si // vstáváš / vstávám // nesnídám / snídáš // čekáš / nečekám // znáte / posloucháte // otevírá // máš / mají // nemám // zajímám se // se zajímáš / zajímám se // díváte se / nemám rád/a // zavírají / začínám //se ptají / ptají se // hledáte / hledám

4. Bydlím v Praze. – *I Live in Prague.* Mluvím docela dobře anglicky. – *I speak English quite well.* Učím se česky. – *I´m learning Czech.* Večeřím v restauraci. – *I have dinner in a restaurant.* Nevidím dobře. – *I don´t see well.* Nevím, kolik je hodin. – *I don´t know what time is.* Jím všechno. – *I eat everything.* Těším se na víkend. – *I´m looking forward to weekend.*

5. večeříš // mluvíte // stojí // víte // nevím // těšíte se // těším se // myslí // jíte // prosím // platí // těším se // bydlíte // myslíš // myslíte / rozumí // víš / bydlí // kouří // učíme se // vidíte // učí // stojíš // sedí // nerozumí / říkám

7. čekáš // hledám // říkáte // děláš // učím se // se dívají // tešíme se // myslím // se zajímá // jíte

8. Oni si nedají nic. // Oni nesnídají nic. // Oni neposlouchají nic. // Oni nehledají nic. // Oni nečekají na nic. // Oni nemyslí na nic.

9. Zajímám se / Mám zájem o: film, divadlo, cestování, umění, literaturu, hudbu, politiku, historii, sociologii, psychologii
Myslím na: večer, oběd, pivo, domácí úkol, jeden problém, jeho auto, náš dům
Nemyslím na nic
Těším se na víkend, narozeniny, slunce, oběd, večer, kávu, čaj
Netěším se na nic

10. Mám: velký hlad / dobrý nápad / špatný slovník / malý problém / nový telefon (**Mi**)
Mám: dobr**ého** kamarád**a** / mal**ého** bratr**a** / star**ého** profesor**a** / **jednoho** mil**ého** soused**a** / čern**ého** ps**a** / nov**ého** přítel**e** / modern**ího** učitel**e** (**Ma**)
Mám: dobr**ou** kamárád**ku** / velk**ou** sestr**u** / tepl**ou** kol**u** / studen**ou** káv**u** / neperliv**ou** vod**u** / **jednu** otázk**u** / velk**ou** smůl**u** / moderní pohovk**u** / zajímav**ou** prác**i** / nov**ou** přítelkyn**i** / velk**ou** žízeň / velk**ou** radost (**F**)
Mám: nové kolo / staré auto / teplé pivo / červené víno / velké štěstí (**N**)

11. Ano, je to pravda že mám rád/a × Ne, není to pravda, že mám rád/a:
číslo 13 // Prah**u** // kočk**u** // čaj // gramatik**u** // guláš // Franci**i** // coca-col**u** // rý**ži** // hudb**u** // víkend // fotbal // divadlo // maso // salát // pivo // televi**zi** // špagety

12. Mám: jeden problém // **jednu** esemesk**u** // **jednu** baget**u** // jeden pokoj // jedno kolo // jeden bramborák // **jednoho** bratr**a** // **jednu** sestr**u** // jeden lístek // **jednu** fotk**u** // **jednu** pizz**u** // **jednu** polévk**u** // jeden dolar // **jednoho ps**a** // **jednu** tužk**u** // jeden papír // **jednu** otázk**u** // jeden sýr // **jednu** korun**u** // jedno euro // **jednoho** kamárád**a**

13. Dám si: pomerančový džus // smažený sýr // ovocný čaj // zmrzlinový pohár // okurkový salát // čokoládový dort // vídeňský guláš // hovězí maso // bílé víno // velké pivo // grilované kuře // vařené vejce // bíl**ou** káv**u** // houbov**ou** polévk**u** // šunkov**ou** pizz**u** // vanilkov**ou** zmrzlin**u** // studen**ou** limonád**u** // bramborov**ou** ka**ši** // vařen**ou** kukuřic**i**

14. Máš rád/a: modrou barvu // mexické jídlo // černou kávu // teplé počasí // vařenou kukuřici // smažený sýr // černé pivo // americký fotbal // moderní literaturu // hnědou rýži

Znáš: pražské metro // Ivu Bittovou // českou historii // Václavské náměstí // Velkou Británii // dobrý klub // vegetariánskou restauraci // její telefonní číslo

Máš: velký hlad // bílou kočku // dobrý nápad // malý počítač // cizí víno // neperlivou vodu // český slovník // volný večer

15. Mám chuť na: tmavé pivo // červené víno // smažený sýr // vanilkovou zmrzlinu // dobrou kávu // studenou kolu

16. Mám jednu českou kamarádku. Je studentka. Má dvacet roků. Je z Prahy. Je vegetariánka. Má moc ráda hudbu a černé irské pivo. Znáš taky Julii?

17. Mám rád/a: černý / zelený čaj // čokoládový / ovocný dort // dobrý / levný obchod // červené / bílé víno // světlé / tmavé pivo // italské / čínské jídlo // teplé / studené počasí // černou / silnou kávu // šunkovou / sýrovou pizzu // klasickou / moderní hudbu // bramborovou / kuřecí polévku // dobrou / levnou restauraci

18. Dám si: okurkový salát // zeleninovou polévku // zmrzlinový pohár // jahodový koktejl // pomerančový džus // čokoládový dort // tvarohový koláč // vanilkovou zmrzlinu // rajčatový salát // švestkový koláč // paprikový guláš // smetanový krém // bramborovou kaši // šunkovou pizzu // sýrovou pizzu

21. první láska // osmá lekce // první dům // druhá ulice // třetí patro // čtvrté dveře // sedmý měsíc // pátý týden // desátý den // šestá stanice // čtvrtý vagón // první třída // druhé nástupiště // Karel čtvrtý // druhá světová válka // dvacáté první / jednadvacáté století

23. dvacátý třetí / třiadvacátý // dvacátý čtvrtý / čtyřiadvacátý // dvacátý devátý / devětadvacátý // třicátý první / jednatřicátý

24. je / bylo úterý / bude / bude // je / byla středa / bylo úterý / bude // je / byl pátek / bude / bude

25. dnes // včera // předevčírem // zítra // pozítří

27. umím / neumím // vím / nevím // znám / neznám // vím / nevím // neumím // nevím // znám / neznám // vím / nevím // znám / neznám // umím / neumím // vím / nevím // znám / umím / neumím // vím / nevím

29. Dám si: jedno malé / velké pivo, neperlivou vodu, zeleninovou polévku, smažený sýr, brambory a tatarskou omáčku, čokoládový dort, kávu

30. 1 – o, 2 – a, 3 – l, 4 – m, 5 – e, 6 – k, 7 – j, 8 – b, 9 – c, 10 – d, 11 – g, 12 – n, 13 – f, 14 – h, 15 – i

32. 1 – c, 2 – a, 3 – c, 4 – b, 5 – b

33. 1. a) Co si dáte k jídlu? b) Na zdraví! 2. b) Číšník: Váš účet je 88 korun. – Zákazník: Sto korun. c) Co si dáte k pití? 3. a) Děkuju. b) Budete jíst? / Máte vybráno? 4. a) Co si dáte k pití? c) Dobrou chuť! 5. a) Dáte si ještě něco? c) Je tady volno?

LEKCE 4

1. DROGERIE: dvě mýdla / krémy / šampony na vlasy / zubní pasty
TRAFIKA: lístky na tramvaj / noviny a časopisy / známky na dopis / mapy města / cigarety a zápalky / telefonní karty / hezké pohlednice
POTRAVINY: rohlíky a housky / bílé jogurty / sýry
OVOCE A ZELENINA: tři pomeranče / saláty / čerstvé okurky / tři červené papriky / brambory
KNIHKUPECTVÍ A PAPÍRNICTVÍ: české knihy / tužky a pera / dva malé sešity / mapy města / dopisní papíry / anglické slovníky

2. Mi hard: dva žluté banány // dva bílé a dva ovocné jogurty // čtyři čerstvé chleby // dva tmavé rohlíky // dva jahodové džemy // dva malé květáky // tři velké česneky // čtyři hezké citrony // dva francouzské sýry
F hard: tři malé housky // dvě studené minerálky // tři zelené papriky
F soft, Mi soft: dvě malé brokolice // čtyři bílé cibule // dva velké pomeranče // tři tvarohové koláče
N hard, N soft: dvě červená jablka // tři nízkotučná mléka // čtyři čerstvá vejce
Mi hard: dva malé sešity // tři bílé bloky // dva anglicko-české slovníky // dva hezké pohledy Prahy // čtyři dopisní papíry
F hard, soft: dvě modré tužky // tři dobré gumy // dvě turistické mapy Prahy // dvě dobré učebnice češtiny // čtyři desetikorunové známky
N hard: dvě levná pera
Mi hard: dva dobré krémy na obličej // tři drahé šampony na vlasy // dva světlé pudry // čtyři francouzské parfémy // tři toaletní papíry // dvakrát papírové kapesníky
F hard: dvě velké zubní pasty // dvě levné toaletní vody // tři malé vaty // dvě igelitové tašky
N hard: čtyři luxusní mýdla // dvě tělová mléka

3. funguje // pracuje // opakujeme // nefunguje / opravujou / sportuje / trénuje // studujete / studuju / potřebuješ / nepotřebuju // potřebuju // kupuješ / nekupuju // děkujeme // lyžujou / lyžuju // opravujeme // miluju // kupujou / potřebujou // gratulujeme // se jmenuje // relaxujeme

4. my snídáme – snídat 1. typ – *to have a breakfast* // on, ona, oni bydlí – bydlet 2. typ – *to live, stay* // já potřebuju – potřebovat 3. typ – *to need* // já spím – spát 2. typ – *to sleep* // my děkujeme – děkovat 3. typ – *to thank* // oni mají – mít 1. typ – *to have* // já prodávám – prodávat 1. typ – *to sell* // vy rozumíte – rozumět 2. typ – *to understand* // my opakujeme – opakovat 3. typ – *to repeat* // ty znáš – znát 1. typ –

to know // on, ona, oni myslí – myslet 2. typ – *to think* // já se dívám – dívat se 1. typ – *to look, watch* // oni kupujou – kupovat 3. typ – *to buy* // my obědváme – obědvat 1. typ – *to have a lunch* // on, ona, oni mluví – mluvit 2. typ – *to speak*

7. osm set osmdesát // tisíc dvě stě třicet čtyři / tisíc dvě stě padesát sedm // tisíc tři sta čtyřicet osm // tisíc tři sta padesát pět // tisíc tři sta padesát sedm // tisíc čtyři sta patnáct // tisíc pět set dvacet šest / tisíc devět set osmnáct // tisíc šest set padesát osm // tisíc osm set třicet šest // tisíc osm set sedmdesát osm // tisíc osm set osmdesát tři // tisíc osm set devadesát // tisíc devět set osmnáct / tisíc devět set třicet pět // tisíc devět set čtyřicet osm / tisíc devět set osmdesát devět // tisíc devět set padesát devět // tisíc devět set osmdesát čtyři // tisíc devět set osmdesát devět // tisíc devět set devadesát tři // dva tisíce čtyři

10. Líbí se mi Karlův most, protože je starý a krásný. Líbí se mi pražské ulice, protože jsou zajímavé / moderní / elegantní. Líbí se mi pražské hospody a bary, protože jsou levné / protože nejsou drahé. Líbí se mi pražské metro, protože je rychlé. Líbí se mi pražské restaurace, protože nejsou drahé / protože jsou levné. Líbí se mi pražské obchody, protože jsou moderní / jsou levné / nejsou drahé. Líbí se mi čeština, protože je těžká. Líbí se mi pražské mosty, protože jsou elegantní / moderní.

11. Rádi sportujou. Rád tancuju. Neradi nakupujeme. Neradi pracujou. Rád studuješ. Ráda cestuje. Ráda fotografuju.

12. Rád/a: studuju, poslouchám klasickou hudbu, tancuju, mluvím česky, se dívám na televizi, spím dlouho, jím, cestuju, řídím auto, relaxuju
Nerad/a: pracuju, uklízím, vařím, lyžuju, vstávám brzo ráno

13. 1 – n, 2 – m, 3 – k, 4 – b, 5 – h, 6 – i, 7 – f, 8 – a, 9 – o, 10 – c, 11 – d, 12 – e, 13 – g, 14 – j, 15 – l

14. Ráno vždycky spím dlouho. Ráno skoro vždycky snídám. Ráno obvykle nemám čas snídat. Ráno nikdy nevečeřím. Večer se často dívám na televizi. Večer někdy poslouchám hudbu. Večer málokdy studuju. Večer nikdy nesnídám. Obvykle vstávám v 7 hodin. Obvykle snídám v 7.30. Obvykle obědvám ve dvě hodiny. Obvykle večeřím v 7 hodin večer. Obvykle snídám kaši. Obvykle obědvám maso. Obvykle večeřím salát.

15. Nikdy nesnídám v restauraci. Čas od času obědvám v restauraci. Párkrát za měsíc večeřím v restauraci. Skoro nikdy se nedívám na televizi. Česky mluvím několikrát za týden. Češtinu studuju každý den. Slovník potřebuju denně. Poštu otevírám několikrát za den. Mám pořád hlad. Žízeň mám třikrát za den. Skoro vždycky mám štěstí. Málokdy mám smůlu.

16. budu // bude // budou / budou // budeme // budeme // budete / budeme // budete / nebudeme // nebudete / budeme // budeš / nebudu // bude / bude // bude / bude

17. a) budu studovat / budeš studovat // nebudu studovat / budu pracovat b) budeš dělat / budu dělat / budeš se dívat / nebudu se dívat c) budeme tancovat / se budeme učit / budeme mít d) budeš bydlet / budu bydlet e) budete potřebovat / budu / budeme / budeme dělat / budeme pracovat f) bude mít / bude // budou čekat / budou // budou umět / budou // budete vstávat // budeme pokračovat

18. 1 – o, 2 – l, 3 – p – j, 4 – h, 5 – k, 6 – j, 7 – d, 8 – q, 9 – a, 10 – c, 11 – b, 12 – f, 13 – n – g, 14 – g, 15 – i, 16 – m, 17 – e, 18 – r

19. Kdo je Juan / Odkud je Juan? Odkud je? Kde teď bydlí? Co studuje? Co má rád? Jaké pivo má rád? Koho má rád? Na koho často myslí? Co rád poslouchá? O co se zajímá? Co dělá? Jak mluví anglicky? Jak často má češtinu? Kdy má češtinu? Co si myslí, jaká je čeština? Jak dlouho ještě bude v Praze?

20. Hanna je moje kamarádka. Je to moc fajn holka. Vím, že je z Finska, ale nevím, odkud přesně je. Nemá ráda pivo, ale miluje víno. Taky ráda cestuje, ale teď nemá peníze. Umí výborně vařit. To je dobře, protože Juan moc rád jí.

21. Kdo je Hanna? / Čí je Hanna kamarádka? Jaká je to holka? Víš přesně odkud je? Má ráda pivo? Co ještě dělá ráda? Bude teď cestovat? Jak Hanna vaří? / Umí Hanna vařit? Proč je dobře, že Hanna umí výborně vařit?

LEKCE 5

1. Juan a Hanna jsou v Praze už dva týdny. Ano, Prahu už znají dobře. Ne, Českou republiku ještě neznají dobře. Jedou na výlet, protože Českou republiku ještě neznají dobře. O víkendu mají čas. Mají plán navštívit jeden český hrad a jeden český zámek a dvě česká města. První víkend jedou na hrad Karlštejn a na zámek Konopiště. Druhý víkend navštíví česká města Tábor a Český Krumlov. Na Karlštejn jedou vlakem. Ne, ještě nemají lístky. Juan nemá rád automaty, protože neví, jak automaty fungujou... Ano, kupujou zpáteční lístky. Mají slevu, protože jsou studenti / protože mají studentské průkazy. Vlak na Karlštejn jede v 9 hodin 38 minut. Vlaky do Prahy jedou v 16.00 hodin, 17.05, 18.09 a v 19 hodin 10 minut.

2. jít: jdu / jdeš / jde / jdeme / jdete / jdou // číst: čtu / čteš / čte / čteme / čtete / čtou // psát: píšu / píšeš / píše / píšeme / píšete / píšou // mýt se: myju se / myješ se / myje se / myjeme se / myjete se / myjou se // pít: piju / piješ / pije / pijeme / pijete / pijou // žít: žiju / žiješ / žije / žijeme / žijete / žijou

3. jet autem / jít do parku / jít do galerie / jet metrem / jet do Ameriky / jet na kole / jít do školy // jít do hospody / jít na koncert / jít do kina / jít na nádraží / jet tramvají / jít na oběd / jet vlakem // jet na výlet / jít na pivo / jet do Berlína / jet na hory / jít na záchod / jít do práce / jít do restaurace

4. jdeme / jedeme // jdete / jdeme // jdu / nejdu / jedu // jede / jede // jdeš / jdu // jedou / nejedeme // jede / jede // jdete / jedete

5. Jedu do Itálie na prázdniny. Jedu autem na nádraží. Jedu stopem do Brna. Jedu autobusem do Berlína. Jedu výtahem do prvního patra. Jedu vlakem na Karštejn. Jedu metrem na Vinohrady. Jedu na kole do školy. Jedu taxíkem domů. Jedu tramvají na kolej. // Jdu do školy na lekci. Jdu do hospody na pivo. Jdu do Státní opery na operu Carmen. Jdu do divadla na hru Hamlet. Jdu do obchodu na nákup. Jdu do parku na procházku. Jdu na policii pro povolení k pobytu. Jdu na ambasádu pro vízum. Jdu do restaurace na oběd. Jdu na stadion na fotbal.

6. jdeme // jdete // jede // jdeš // jdou // jedou // jedeme // jedeš // nejedu / jedu // jede

7. čtu // čteš // čtete // čteme // píšu // píšete // píšeme // piješ // piju / pije // nepijou / pijou // hrajete // nehrajeme / hrajeme // hrajou // se myje // se nemyje // myješ se // žijeme // žijou // žijou // žijou // žijou / nežijou

8. my hrajeme – hrát 4. typ – *to play* // vy voláte – volat 1. typ – *to call* // on, ona, to funguje – fungovat 3. typ – *to work properly, operate* // oni čtou – číst 4. typ – *to read* // já se učím – učit se 2. typ – *to learn* // vy víte – vědět 2. typ – *to know* // já hledám – hledat 1. typ – *to look for* // my cestujeme – cestovat 3. typ – *to travel* // vy večeříte – večeřet 2. typ – *to have dinner* // ty obědváš – obědvat 1. typ – *to have lunch* // já umím – umět 2. typ – *to know how* // my pokračujeme – pokračovat 3. typ – *to continue* // já se myju – mýt se 4. typ – *to wash oneself* // já lyžuju – lyžovat 3. typ – *to ski* // my platíme – platit 2. typ – *to pay*

9. Dnes večer jdu do kina. Zítra večer budu doma. Vstávám v 7 hodin. V České republice znám Prahu, Brno a Karlovy Vary. Domů volám jednou za týden. Ano, rád/a obědvám v restauraci. Rád/a snídám sýr, vejce a čaj. Ano, hledám dobrý česko-anglický slovník. O víkendu mám čas. Ano, mám v životě štěstí. O víkendu vstávám asi v 10 hodin. Ne, nerad/a vstávám brzo ráno. Čekám na kamarádku. Mám ráda všechny barvy. Rád/a poslouchám každou dobrou hudbu. Ano, už začínám rozumět česky. Ano, každý den se dívám na zprávy.
Ne, nebydlím na koleji. Ano, vím, kde je hlavní pošta. Ano, vím, kolik je hodin, je 17 hodin a 10 minut. Ne, bohužel neumím hrát na piano. Rád/a jím kuře a rýži. Nerad/a jím zelí. Ne, nevečeřím v menze. V restauraci večeřím asi tak jednou měsíčně. Ne, nemluvím španělsky. Ano, už trochu rozumím česky. Učím se česky, protože se mi líbí cizí jazyky. Ne, nekouřím, protože to není zdravé. Obvykle spím 8 hodin. Ano, těším se na víkend. Ano, těším se na léto. Pivo v restauraci stojí asi 30 korun, v obchodě asi 10 korun. O víkendu nikam necestuju, budu doma. Ano, rád/a cestuju. Jídlo nakupuju v supermarketu Albert. Ne, nerad/a nakupuju. Každý den kupuju vodu. Ne, nepotřebuju nic. Slovník potřebuju často. Studuju češtinu. Ano, rád/a studuju. Ještě nevím, kde budu pracovat. Ne, ještě nepracuju. Ano, rád/a tancuju. Tancuju jednou týdně. Ano, rád/a sportuju. Sportuju dvakrát týdně.
Dnes večer jdu na koncert. O víkendu jedu do Berlína. Teď nejedu na hory. Čtu jednu zajímavou knihu. Ano, rád/a čtu detektivky. Nikdy nečtu učebnice matematiky. Ano,

rád/a píšu dopisy. Esemesky píšu několikrát denně. Ano, vždy píšu domácí úkoly. Nepiju ani červené, ani bíle váno, nemám rád/a víno. Ano, rád/a piju české pivo. Nádobí nikdo nemyje, máme myčku. Ano, hraju tenis. Ne, nehraju fotbal. Ne, hokej nikdy nehraju. Ano, hraju trochu na kytaru.

10. Ano, už znám tvoji kamarádku. / Ne, ještě neznám tvoji kamarádku. Ano, už znám tu knihu. / Ne, ještě neznám tu knihu. Ano, už znám jejich učitelku. / Ne, ještě neznám jejich učitelku. // Ano, ještě mám čas. / Ne, už nemám čas. Ano, moji rodiče ještě poslouchají Beatles. / Ne, moji rodiče už neposlouchají Beatles. Ano, ještě potřebuju slovník. / Ne, už nepotřebuju slovník. Ano, ještě jsem unavený. / Ne, už nejsem unavený // Ano, dám si ještě. / Ne, už si nedám.

11. do // na // v // v / v / o / v // v // v // na // za // o // za // v / do / na // za // na // do / pro // na // na // na // do // ve // na / na / z // o // přes // do // na // na // na // za // za // na // na // na // na

12. 1 – n, 2 – g, 3 – a, 4 – f, 5 – t, 6 – b – c, 7 – i, 8 – j, 9 – h, 10 – p, 11 – d, 12 – e – d, 13 – c – b, 14 – s, 15 – m, 16 – r, 17 – q, 18 – o, 19 – k, 20 – l

13. doleva // rovně / nalevo // doprava / doprava / nalevo // doleva / rovně / napravo // doprava / doleva // doleva / doleva

LEKCE 6

1. Hanna a Juan jedou na výlet do Českého Krumlova. Ne, Honza nejede na výlet. Honza potřebuje (chce) vědět, jestli Hana jede na výlet. Hana o víkendu nemá čas. Musí se učit na zkoušku. Ano, Hana má zájem o výlet. Ne, Hana nezná Český Krumlov. Hana nemůže jet, protože musí studovat. Hana je smutná, protože nemůže jet. Honza nechce jet bez Hany. / Honza nechce jet, protože nejede Hana. Ne, Juan není smutný, že jedou sami. Ano, chci jet do Českého Krumlova. / Ne, nechci jet do Českého Krumlova.

2. Ráno musím: vstávat, snídat, pít kávu, musím se mýt, myslet na školu, jít do školy, kupovat čerstvé rohlíky
Ráno nemusím: vařit večeři, poslouchat džez, psát domácí úkol, vařit oběd, nemusím se dívat na televizi, poslouchat zprávy, číst noviny, mýt nádobí

3. Ano, chci jít na diskotéku, ale bohužel nemůžu, musím studovat... Ano chci jít na oběd, ale bohužel nemůžu, musím pracovat... Ano chci jít na pivo, ale bohužel nemůžu, pojedu autem... Ano, chci jít do kina, ale bohužel nemůžu, mám návštěvu... Ano, chci jít do divadla, ale bohužel nemůžu, nemám hezké šaty...
Ano, chci jet do Španělska, ale bohužel nemůžu, musím jet do Německa... / nemám čas... / nemám volno... / musím psát seminární práci... / nemám lyže...
Nevím, kam chtějí jít. Nemůžu to vědět. // Nevím, proč nechtějí jet na výlet. Nemůžu to vědět. // Nevím, kdy chtějí obědvat. Nemůžu to vědět. // Nevím, kde chtějí bydlet. Nemůžu to vědět. // Nevím, co chtějí vidět. Nemůžu to vědět. // Nevím, na co se těší.

Nemůžu to vědět. // Nevím, co rádi jedí. Nemůžu to vědět. // Nevím, kdy ráno vstávají. Nemůžu to vědět. // Nevím, proč nemají čas. Nemůžu to vědět. // Nevím, jak umějí anglicky. Nemůžu to vědět.

4. chci / nechci / nemusím // chci / musím // musím // nemusím / můžu // nemůžu / nechci // musím // nemůžu // můžu // chci // můžu

5. chceš / můžeme / chceš / nechci / chci / nechci // musím / chceš / chceš / chci / nemůžu / nemusíš // můžu / můžeš / musíš / můžeš // nechce / můžu / nechce / chce // nechce / můžu / nechce // nechce / můžu / nechce / nemůže / chce / musí

6. Ne, Hana nemůže dělat všechno, co chce. // Ano, já můžu dělat všechno, co chci. /Ne, já nemůžu dělat všechno, co chci. // Chci například cestovat. Nemůžu cestovat, protože musím studovat. // může / chce // můžeme / chceme // můžete / chcete // můžou / chtějí // může / chce // nemůže / chce

7. jedou / navštíví / není / je / je / svítí / chce / nechce / je / je / obědvají / pijou / nejedou / musí / nechce

8. Jeli na výlet. Museli vstávat brzo ráno. Ano, to bylo těžké. To nebylo lehké, protože Juan ráno rád dlouho spí. Výlet byl výborný. Počasí bylo hezké. Ještě jeli do města Beroun. Juan nechtěl jít pěšky, protože byl unavený / protože je Beroun daleko... / Juan byl unavený, protože vstával brzo ráno. Vlakem není daleko, pěšky je docela daleko. Beroun není tak zajímavé město. Obědvali tradiční české jídlo. Hanna už trochu má ráda české pivo. Honza nejel na výlet, protože nejela Hana. Hana nejela na výlet, protože musela studovat. Ano, už jsme jeli na Karlštejn. / Ne, ještě jsme nejeli. Ano, už jsme navštívili Český Krumlov. / Ne, ještě jsme nenavštívili Český Krumlov.

9. Ano, slyšel/a jsem. / Ne, neslyšela/a jsem. // Ano, potřeboval/a jsem / Ne, nepotřeboval/a jsem. // Ano, platil/a jsem. / Ne, neplatil/a jsem. // Ano, myslel/a jsem. / Ne, nemyslel/a jsem. // Ano, hledal/a jsem. / Ne, nehledal/a jsem. // Ano, poslouchal/a jsem. / Ne, neposlouchal/a jsem. // Ano, čekal/a jsem. / Ne, nečekal/a jsem. // Ano, věděl/a jsem něco. / Ne, nevěděl/a jsem nic. // Ano, obědval/a jsem. / Ne, neobědval/a jsem. // Ano, říkal/a jsem něco. / Ne, neříkal/a jsem nic. // Ano, myslel/a jsem na něco. / Ne, nemyslel/a jsem na nic. // Ano, volal/a jsem. / Ne, nevolal/a jsem. // Ano, vstával/a jsem. / Ne, nevstával/a jsem. // Ano, bydlel/a jsem. / Ne, nebydlel/a jsem. // Ano, mluvila/a jsem. / Ne, nemluvil/a jsem. // Ano, kouřil/a jsem. / Ne, nekouřil/a jsem. // Ano, večeřel/a jsem. / Ne, nevečeřel/a jsem. // Ano, studoval/a jsem. / Ne, nestudoval/a jsem. // Ano, jel/a jsem. / Ne, nejel/a jsem. // Ano, snídal/a jsem. / Ne, nesnídala/a jsem. // Ano, věděl/a jsem. / Ne, nevěděl/a jsem.

10. Dělal/a jsem oběd. Poslouchal/a jsem R.E.M. Volal/a jsem domů. Znala/a jsem tu knihu. Čekal/a jsem na kamarádku. Vařila/a jsem večeři. Mluvil/a jsem česky. Rozuměl/a jsem trochu. Bydlel/a jsem na koleji. Musel/a jsem hodně studovat. Večeřel/a jsem doma. Vždy jsem rád/a tancoval/a. Opakoval/a jsem slovíčka. Nic jsem nepotřeboval/a. Netoleroval/a jsem všechno. Trénoval/a jsem hokej.

11. Ano, viděli jsme / Ne, neviděli jsme ten film. // Ano, viděl/a jsem / Ne, neviděl/a jsem to divadlo. // Ano, byli jsme / Ne, nebyli jsme večer doma. // Ano, byl/a jsem / Ne, nebyla/a jsem večer v restauraci. // Ano, čekali jsme / Ne, nečekali jsme dlouho. // Ano, čekal/a jsem / Ne, nečekal/a jsem dlouho. // Ano, museli jsme / Ne, nemuseli jsme moc pracovat. // Ano, musel/a jsem / Ne, nemusel/a jsem tam jít. // Ano, mluvili jsme / Ne, nemluvili jsme včera česky. // Ano, mluvil/a jsem / Ne, nemluvil/a jsem včera anglicky. // Ano, bydleli jsme / Ne, nebydleli jsme na koleji. // Ano, bydlel/a jsem / Ne, nebydlel/a jsem v hotelu. // Ano, znali jsme / Ne, neznali jsme tu knihu. // Ano, znal/a jsem / Ne, neznal/a jsem pana Blacka. // Ano, jeli jsme / Ne, nejeli jsme na výlet. // Ano, jel/a jsem / Ne, nejel/a jsem na Karlštejn. // Ano, slyšeli jsme / Ne, neslyšeli jsme nové zprávy. // Ano, slyšel/a jsem / Ne, neslyšel/a jsem tu hudbu.

12. hledat – *to look for*: hledal/a jsem, hledal/a jsi, hledal, hledala // vstávat – *to get up*: vstával/a jsem, vstával/a jsi, vstával, vstávala // bydlet – *to live, stay*: bydlel/a jsem, bydlel/a jsi, bydlel, bydlela // muset – *to have to, must*: musel/a jsem, musel/a jsi, musel, musela // říkat – *to say*: říkal/a jsem, říkal/a jsi, říkal, říkala // nakupovat – *to do one´s shopping*: nakupovala/a jsem, nakupoval/a jsi, nakupoval, nakupovala // pracovat – *to work*: pracoval/a jsem, pracoval/a jsi, pracoval, pracovala
vidět – *to see*: viděli jsme, viděli jste, viděli // mluvit – *to speak*: mluvili jsme, mluvili jste, mluvili // opakovat – *to repeat*: opakovali jsme, opakovali jste, opakovali // vědět – *to know*: věděli jsme, věděli jste, věděli // umět – *to know how*: uměli jsme, uměli jste, uměli // studovat – *to study*: studovali jsme, studovali jste, studovali // potřebovat – *to need*: potřebovali jsme, potřebovali jste, potřebovali

13. hledali jsme // jsem vstával/a // říkal/a jsem // bydlela // nakupoval/a jsi // nebydlel // museli // jste studovali / jste studoval/a // uměli jste / uměl/a jste // věděl/a jsi // jsme opakovali // viděl/a jsi // mluvili jste / mluvil/a jste // potřebovali jste / potřeboval/a jste

14. Co jsi dělal/a včera? Co jsi obědval/a? Kde jsi bydlel/a? Kdy / V kolik hodin jsi vstávala v sobotu? Jel/a jsi na výlet? Proč jsi nejel/a na výlet? Znal/a jsi tu knihu? Viděl/a jsi včera Honzu? Proč jsi minulý týden nebyl/a ve škole? Proč jsi nehrál/a hokej? Kolik máš let? / Jaký máš plat? / Máš kluka / holku?...

15. 1 – b, 2 – d, 3 – c – h, 4 – a, 5 – h – c, 6 – j, 7 – e, 8 – f, 9 – g, 10 – i

MĚSÍCE

1. leden
2. únor
3. březen
4. duben
5. květen
6. červen
7. červenec
8. srpen
9. září
10. říjen
11. listopad
12. prosinec

Name: Date:

Evaluation (max. 40):

1. Fill in the correct form of the verb *být* (the first line should be in the affirmative and the second line in the negative form):   8]

já _____   ty a já _____   vy _____   oni _____

Jan _____   Jan a Juan _____   my _____   ty _____

2. Fill in with M, F or N: 15]

město ____   náměstí ____   park ____   banán ____   kamarád ____

banka ____   autobus ____   káva ____   kolej ____   studentka ____

pivo ____   tramvaj ____   kuře ____   ulice ____   telefon ____

3. Complete the following dialogue: 9]

H: Ahoj, já jsem Juan. A ty?

S: Já _____ Hanna. Těší mě.

H: _____ ____ . Ty _____ Češka?

S: Ne, _____ Češka, _____ Finka. _____ jsi ty?

H: Já _____ ze Španělska. _____ Španěl.

4. Match the sentences: 8]

1. Dobrý den!   a) Děkuju, dobře.

2. Děkuju!   b) Jsem z Ameriky.

3. Ahoj!   c) Dobrý den!

4. Jak se máš?   d) Těší mě!

5. Odkud jsi?   e) To je pan Novák.

6. Kde je pošta?   f) Ahoj!

7. Těší mě!   g) Nalevo.

8. Kdo to je?   h) Prosím.

Name: Date:

Evaluation (max. 60):

1. Fill in *ten, ta, to*:   12]

_____ den   _____ divadlo   _____ banka

_____ náměstí   _____ pokoj   _____ víno

_____ ulice   _____ číslo   _____ tramvaj

_____ káva   _____ čaj   _____ holka

2. Match the adjectives with suitable nouns to make a sensible phrase: 12]

1. dobrý	a) most
2. moderní	b) pokoj
3. čistý	c) otázka
4. pomalá	d) víno
5. hezká	e) ulice
6. telefonní	f) počasí
7. špatné	g) banka
8. bílé	h) oběd
9. starý	i) číslo
10. chytrá	j) náměstí
11. česká	k) holka
12. velké	l) tramvaj

3. Fill in the correct forms of the verb *mít*:   6]

(Ty)   _____ čas?

(My)   _____ nový počítač.

(Vy)   _____ rádi české pivo?

Jana a Jan   _____ peníze.

(Ona)   _____ velký hlad.

(Já)   _____ plán.

4. Fill in the numerals: 8]

Dobrá voda stojí (11) _____ korun.

Káva stojí (patnáct) _____ korun.

Pivo stojí (22) _____ korun.

Bílý jogurt stojí (sedm padesát) _____ .

Lístek stojí (12) _____ korun.

Mám (devatenáct) _____ roků.

Mám ráda číslo (8) _____ .

Mám boty číslo (čtyřicet čtyři) _____ .

5. Respond: 10]

Děkuju.   _____

Kolik je hodin?   _____

Máš dnes čas?   _____

Jsem Jaromír Jágr.   _____

Dobré ráno!   _____

Promiňte!   _____

Líbí se vám váš pokoj?   _____

Jste Fin(ka)?   _____

Máš rád/a české jídlo?   _____

Jaké je vaše telefonní číslo?   _____

6. Complete the sentences: 12]

Kolik	_____?	Odkud	_____?
Jaké	_____?	Jaký	_____?
Jak	_____?	Čí	_____?
Jaká	_____?	Kdo	_____?
Co	_____?	Kde	_____?
Který	_____?	Které	_____?

Name: Date:

Evaluation (max. 60):

1. Complete the sentences with the following verbs in the correct form: 6]

(čekat na, dát si, poslouchat, mluvit, rozumět, učit se)

(já) _____ _____ pomerančový džus.

Jakou hudbu (vy) _____?

(ty) _____ česky?

Jen trochu (já) _____

(my) _____ _____ česky.

(oni) _____ na kamarádku.

2. Put adjectives and nouns into the accusative case: 12]

Obědvám: šunková pizza   _____

            kuřecí polévka   _____

            smažený sýr   _____

            tmavé pivo   _____

            horká čokoláda   _____

            domácí štrůdl   _____

3. Choose the correct verb *umět, vědět, znát* (use the 1st person sg.):   6]

_____, co hledáš. _____ jeho kamarádku. _____ španělsky.

_____, kde je volný stůl. _____, v kolik hodin začíná škola.

_____ se učit.

4. Fill in the correct numerals: 6]

Platí (100) _____ korun. To je můj (1.) _____ problém.

Děláme (3.) _____ lekci. Prosím (2) _____ piva.

Mám (1) _____ otázku. Jsem v Praze (2.) _____ týden.

5. Choose the corresponding adverb or adjective: 5]

John se má _____ .   dobře – dobrý

Máte _____ hlad?   moc – velký

Učím se _____ .   česky – český

Proč jíš tak _____?   rychle – rychlý

Mám _____ slovník.   anglicky – anglický

6. Complete the questions: 15]

Koho tady _____?

Jak často _____?

O co _____?

Který _____?

Která _____?

Kdy _____?

Na co _____?

Co _____?

Na koho _____?

Jakou _____?

7. Respond: 10]

Všechno nejlepší! _____

Na zdraví! _____

Ještě něco? _____

Co si dáte? _____

Jak mluvíte? _____

Platíte dohromady? _____

Rozumíte česky? _____

Kolik stojí oběd? _____

Je tady volno? _____

Máte vybráno? _____

Name: Date:

Evaluation (max. 60):

1. Complete the sentences with the following verbs in the correct form: 6]

(pracovat, studovat, potřebovat, sportovat, děkovat, jmenovat se)

Pan Short _____ na Karlově univerzitě.
(my) _____ češtinu.
(vy) Rádi _____ ?
(oni) _____ pomoc.
Nevíte, jak _____ _____ ten nový student?
(já) _____ za všechno.

2. Put the nouns into the accusative case: 6]

(čeština, angličtina, pedagogika, politologie, ekonomie, historie)

Co studujete? Studuju   _____   _____

                              _____   _____

                              _____   _____

3. Put into the future tense: 3]

Co děláš o víkendu?   _____?
Díváte se na ten film?   _____?
Bydlíš na koleji?   _____?

4. Create the verb from the noun and say what you like to do: 5]

Mám rád/a **sport**   – Rád/a _____.
Mám rád/a **cestování** – Rád/a _____
Mám rád/a **nákupy**   – Rád/a _____
Mám rád/a **lyžování** – Rád/a _____
Mám rád/a **tanec**   – Rád/a _____

5. Match the stores and the goods given below: 16]

POTRAVINY _____

OVOCE A ZELENINA _____

DROGERIE _____

· TRAFIKA _____

(tři bílé jogurty, jedny cigarety, dvě známky, brambory, citrony, šampon na vlasy, dvě dobré vody, káva, noviny, zubní pasty, banány, zápalky, chléb, jablka, mýdlo, papírové kapesníky)

6. Respond: 16]

Jak často máš češtinu? _____

Jak často obědváš v restauraci? _____

Co obvykle obědváš? _____

Jak často posloucháš hudbu? _____

Co obvykle posloucháš? _____

Jak často máš hlad? _____

Co obvykle jíš? _____

Jak často telefonuješ domů? _____

7. Match the sentences: 8]

1. Kdo je ta paní?	a) Není zač.
2. Kolik stojí neperlivá voda?	b) Pět.
3. Jak dlouho jsi v Praze?	c) Nic se nestalo!
4. Co si dáte?	d) Dva týdny.
5. Děkuju!	e) To je naše nová učitelka.
6. Promiňte!	f) Třináct devadesát.
7. Proč neposloucháš džez?	g) Dvě kávy a jednu kolu.
8. Kolik je hodin?	h) Mám rád rock.

Name: Date:

Evaluation (max. 60):

1. Complete with *jít* or *jet*: 9]

_____ autem   _____ do Itálie   _____ tramvají

_____ pěšky   _____ metrem   _____ na nákup

_____ do školy   _____ na oběd   _____ do banky

2. Fill in *jít* or *jet* in the correct form: 5]

(my) _____ na výlet.

(vy) _____ do restaurace?

Kdo _____ na koncert?

Kam (oni) _____ na prázdniny?

Kdy (ty) _____ domů do Ameriky?

3. Complete the sentences with the following verbs in the correct form: 6]

(jít, číst, hrát, pít, psát, žít)

Zítra večer (já) _____ do kina.

(vy) _____ tenis?

(ty) _____ rád české pivo?

Dnes (my) _____ test.

Kdo _____ české noviny?

(oni) _____ v Praze.

4. Complete with suitable prepositions: 10]

Jdeš _____ pondělí do klubu? _____ kolik hodin vstáváš o víkendu? _____ co se těšíš?

Jdeme _____ restaurace _____ oběd. Díváš se rád _____ televizi? Přestávka bude

_____ pět minut. Potřebuju šampon _____ vlasy. _____ co se zajímáš? Děkuju _____

všechno.

5. Respond: 30]

Jak se jmenuješ? _____

Odkud jsi? _____

Co studuješ? _____

Kolik máš roků? _____

Kde bydlíš? _____

Jak se jmenuje tvůj dobrý kamarád? _____

Jak se jmenuje tvoje dobrá kamarádka? _____

Kdy ráno vstáváš? _____

Co ráno snídáš? _____

Obědváš každý den v restauraci? _____

Co rád/a jíš? _____

Víš, kde je Tesco? _____

Znáš operu Carmen? _____

Kolik je teď hodin? _____

Víš, kde je Hlavní nádraží? _____

Je kolej daleko? _____

Proč se učíš česky? _____

Je čeština těžká? _____

Líbí se ti Praha? _____

Máš rád/a české pivo? _____

Máš rád/a české jídlo? _____

Máš v Praze kamarády? _____

Co obvykle děláš večer? _____

Jak často telefonuješ domů? _____

Co rád/a posloucháš? _____

Jakou barvu máš rád/a? _____

Co rád/a čteš? _____

Jak dlouho budeš v Praze? _____

Rád/a cestuješ? _____

Kam jdeš dnes večer? _____

Name: Date:

Evaluation (max. 60):

1. Put the modal verbs into plural: 5]

Musí studovat.   _____

Chci jít domů.   _____

Nemůže se na to dívat.   _____

Chceš jít do kina?   _____

Můžu už jít?   _____

2. Fill in modal verbs according to the context: 5]

Už je pozdě, (my) _____ rychle na nádraží.

Kam (ty) _____ jít dnes večer?

O víkendu (já) _____ vstávat brzo ráno.

(ty) _____ ještě kávu? – Děkuju, už (já) _____ .

3. Put the verbs into the past tense: 10]

Jedu na výlet <u>na Karlštejn</u>.   _____

Myslím <u>na test</u>.   _____

Hledám <u>tužku</u>.   _____

Bydlím <u>na koleji</u>.   _____

Je <u>hezké</u> počasí.   _____

Obědvám <u>v jednu hodinu</u>.   _____

Dělám <u>domácí úkol</u>.   _____

Nemluvím <u>dobře</u> česky.   _____

<u>Nic</u> neříkám.   _____

<u>Nevečeřím</u> v menze.   _____

4. Make the questions in the past tense to the underlined words in the exercise above: 20]

Obědvám <u>doma</u>. – Obědval jsem <u>doma</u>. – Kde jsi obědval?

_____   _____
_____   _____
_____   _____
_____   _____
_____   _____

5. Put into the past tense: 10]

Nejedeme na výlet.   _____

Nerozumím, co říkáš.   _____

Neslyším dobře.   _____

Nebydlím na koleji.   _____

Dnes neprší.   Včera _____

6. Match the sentences: 10]

1. Dáš si ještě jednu kolu?   a) Nic se nestalo.

2. Děkuju mockrát!   b) V pořádku.

3. Chceš jít do kina, nebo do klubu?   c) Moc mě to mrzí.

4. Zítra bohužel nebudu mít čas.   d) To je jedno.

5. Promiňte, už musím jít.   e) Bohužel ne.

6. Máš čas zítra večer?   f) Mě taky!

7. Zítra nemůžu jít do kina.   g) Rádo se stalo!

8. Promiňte, že jdu pozdě.   h) To je škoda.

9. Mrzí mě to!   i) To nevadí!

10. Promiňte, asi mám špatné číslo.   j) Děkuju, už nemůžu.

BASIC CZECH I

Ana Adamovičová
Darina Ivanovová

Published by Charles University
Karolinum Press
Ovocný trh 560/5, 116 36 Praha 1, Czech Republic
www.karolinum.cz
Prague 2021
Edited by Jana Jindrová
Cover and layout by Jan Šerých
Typeset by Lacerta (www.sazba.cz)
Map by Cartography Publishing Žaket (www.zaket.cz)
Printed by Karolinum Press
Fourth reprint, third edition

ISBN 978-80-246-2334-4